AF383320

Der Monat im Gedicht

Ein Jahresring

Heidi Hepperger

Bild auf dem Umschlag: Heidi Hepperger

Umschlagsgestaltung: Alexander Dospil

Verlag und Druck: tredition GmbH, Halenreie 40-44,

22359 Hamburg

https://tredition.de

Bibliographische Information der Deutschen Nationalbibliothek:

Die Deutsche Nationalbibliothek verzeichnet diese Publikation in der Deutschen Nationalbibliografie; detaillierte bibliografische Daten sind im Internet über http://dnb.dnb.de abrufbar.

ISBN: 978-3-7497-9863-6 (Paperback)

ISBN: 978-3-7497-9864-3 (Hardcover)

Inhalt

Gewichtiges Vorwort...7

„Was heute Vergangenheit ist, … war einst Zukunft."
Januar 9

„Es heißt, die Tage würden wieder länger. Man merkt es
nicht. Und es ist trotzdem wahr…"
Februar 19

„Schon ein Kind merkt, daß die Tage langen und … die
Bächlein zu murmeln beginnen…"
März 31

„Omnia sol temperat purus et subtilis"
April 45

„Frühling…–, da ist keine Stelle, die nicht trüge
den Ton der Verkündigung"
Mai 57

„…Und vor sich den Sommer"!
Juni 69

„…Mag alles Leid und Schatten sein – Doch diese eine,
süße Sonnenstunde nicht, …Und nicht das tiefe zarte
Wohlgefühl in meiner Seele."
Juli 81

„Willst du den Sommer? Die Sehnsucht des Sommers?
Die Beklommenheit des Sommers?" Der neue Anstoß
menschlicher Erfahrung durch Georges „Sommer der
Seele"
August 93

„Herr: es ist Zeit. Der Sommer war sehr groß."
September 107

„Des Sommers Wochen standen still, es stieg der Bäume
Blut, jetzt fühlst du, dass es fallen will in den, der
alles tut..."
Oktober 121

„Buchen und Birken standen schon fast ohne Laub,
… eine hauchdünne Sonne, ein goldenes Gespinst
… Wasser aderte über einen schwarzen Fels und silberte.
Wohin man trat, knisterte der schüttere Wald
von gefallenen Zweigen, es knackte das dürre Geäst..."
November 133

„Leise rieselt der Schnee, still und starr ruht der See …"
Dezember 145

Gewichtiges Vorwort

(das man aber leichtfüßig einfach überspringen kann)

Wenn der Mensch sich öffnet für die Welt um ihn herum, wenn er etwa die vielen verschiedenen Zeiten des Tages, der Monate und des Jahres bewusst und aufmerksam erfährt, dann lebt er intensiver als ohne das. Wenn er zum Beispiel einen „Abend" erlebt, dann wird er sich längere Zeit daran erinnern oder jemandem von diesem Abend erzählen oder gar – im Tagebuch oder zum Gedicht verarbeitet – darüber schreiben. Damit aber sind auch die erlebten „Dinge" des äußeren Lebens – ein Abend oder ein Frühling – mehr und vor allem länger „da", als wenn sie von niemandem erlebt worden wären!

Hugo von Hofmannsthal zeigt das in seiner „Ballade des äußeren Lebens". Er nennt zunächst Einzeldinge der „äußeren" Welt, wie der Mensch sie zu sehen bekommt: „Kinder wachsen auf mit tiefen Augen", werden groß und sterben, und Menschen, die das sehen, gehen ihrer Wege, ohne sich darum zu kümmern; er nennt das Reifen und Verfaulen der Früchte und andere Naturdinge wie „wehenden Wind" und schließlich vom Menschen gemachte Dinge der Welt wie „gebaute Straßen". Und dann fragt er:

„Was frommts, dergleichen viel gesehen haben?" und er antwortet im gewichtigen Schluss des Gedichtes so: „Und dennoch sagt der viel, der »Abend« sagt, / Ein Wort, daraus Tiefsinn und Trauer rinnt / Wie schwerer Honig aus den hohlen Waben."

Der Mensch, der einen Abend erlebt hat und dann „Abend" sagt, der sagt „viel", denn er hat das allmähliche Werden des Abends bemerkt, er hat das Bleiben und das Vergehen des Abends erlebt und so den tiefen „Sinn" der irdisch vergänglichen Dinge erfasst – wie auch die Trauer über ihre Vergänglichkeit, also zugleich die süße

Lebensfülle des Honigs wie die „hohle" Wabe", aus der er rinnt. Dabei aber hat der Mensch, der den „Abend" erfahren hat, selber intensiver und bewusster gelebt, als wenn er diesen Abend verschlafen hätte. Und auch der erlebte „Abend" hat seinerseits mehr Existenz, als wenn er von niemandem bemerkt verdämmert wäre!

So hat der Mensch die Aufgabe, sich selber und den Dingen der Welt mehr Dasein und mehr Dauer zu geben. Das heißt, er soll – und sei's auch nur, um ein ganz Geringes – am göttlichen Schöpfungsprozess aktiv mitwirken – eine schwere, eine übermenschliche Aufgabe! Und da ist es gut, dass es Dichter und Schriftsteller gibt, die ihm dabei helfen und ihn zur genauen Beobachtung und zu exakten Erfahrungen anregen!

Hier nun werden solche Hilfen, Gedichte und kleine Texte zu jedem Monat und zu den Zeiten und Stimmungen eines ganzen vergehenden Jahres, vorgestellt, in einen Motivzusammenhang gebracht und intensive und sprachgenaue Interpretationen sollen den Zugang auch zu schwierigen Texten erleichtern. Denn der Mensch „lebt" nicht vom Brot allein!

Die zitierten Gedichte sind nicht an die neue Rechtschreibung angepasst.

„Was heute Vergangenheit ist, ... war einst Zukunft."
– Januar –

Der nachdenkenswerte Satz steht als mahnendes Motto über dem Roman „München", in dem Robert Harries die Zeit ab dem 27. September 1938 beschreibt, als Hitlers totaler Krieg gerade NOCH Zukunft war. Der bedeutsame Satz des Historikers E.W. Maitland heißt ungekürzt: „Was heute Vergangenheit ist, dessen sollte man sich immer bewusst sein, war einst Zukunft." In der Tat: man sollte sich dessen immer bewusst sein und besonders zum Beginn eines neuen Jahres sollte sich das die Menschheit – in jedem einzelnen! – klar machen: Geschichte geschieht, und daher heißt sie so; aber das Geschehen der Geschichte geschieht nicht unabhängig von den Menschen, denen sie „geschieht"! Solange das Geschehen noch Zukunft ist, solange kann die Menschheit über sie „mit"-bestimmen Und jeder einzelne kann mithelfen, dass die Zukunft, die JETZT anfängt, erfreulich und lebens-wert ist oder bleibt oder wird. Der denkenswerte Satz des Historikers kann einem vermitteln, dass man zuversichtlich, verbesserungsfreudig und tatendurstig ins Neue Jahr geht, und das im Großen und Allgemeinen wie auch im eigenen kleinen Leben: nicht ganz und gar, aber doch in mancher Hinsicht bin ich es, der meine (und meiner Umgebung) Zukunft in der Hand hat! Und mit Rilke möchte man da zum Beginn des Neuen Jahres ausrufen: „Erde, du liebe, Ich will!" – ICH WILL mitmachen, dass du schön und lebenswert bleibst oder (wieder) wirst.

Mit so einem Neujahreswunsch kann sich das Ich mit dem lyrischen Ich Martin Walsers identifizieren, der sein neuestes lyrisches Werk „Spätdienst" – wunderbar wünschend – SO anfangen lässt:

Martin Walser:

„Ich möchte sein wie ein Wunsch, / auf der Schwelle möchte ich stehen / ein Tag sein vor seinem Anbruch / noch nicht gewesen sein möchte ich."

Wunderbar wünschend wünscht Walser sich Wunderbares: die stets aktive Bereitschaft zum neuen Anfang, zu ständigen Wandel.

Das wiederum ist ganz im Sinne Goethes – und Thomas Manns. Der nämlich lässt seinen Goethe im letzten Kapitel der „Lotte in Weimar" sich auch bekennen zum Wunsch nach ständigem Wandel und Neuanfang bis in den „Spätdienst" des Alters hinein. Im aussöhnenden Gespräch mit Lotte – an der Goethe schuldig geworden war, weil er sie und ihre Liebe im „Werther" verbraten und also seiner Kunst geopfert hatte – heißt es:

Aus Thomas Mann, Lotte in Weimar:

„Liebe Seele, laß mich dir innig erwidern, zum Abschied und zur Versöhnung. Du handelst vom Opfer, aber damit ist's ein Geheimnis ... und Wandlung ist alles. Den Göttern opferte man, und zuletzt war das Opfer der Gott....Wisse, Metamorphose ist deines Freundes Liebstes und Innerstes, seine große Hoffnung und tiefste Begierde, – Spiel der Verwandlungen, wechselnd Gesicht, wo sich der Greis zum Jüngling, zum Jüngling der Knabe wandelt, Menschenantlitz schlechthin, in dem die Züge der Lebensalter changieren, Jugend aus Alter, Alter aus Jugend magisch hervortritt, ... wie sich Vergangenheit wandelt im Gegenwärtigen, dieses zurückweist auf jenes und der Zukunft vorspielt, von der beide schon geisterhaft voll waren...." Solche Wandlungen und Metamorphosen sind ein ewiges Spiel, und der Neuanfang eines Jahres wird davon in unendlicher Wiederholung umfasst – und zugleich hoffnungsvoll als belebender Anfang neuer Zukunft bestätigt!

Einen kräftigenden Tagesanbruch am Morgen eines – gerade noch! – zukünftigen Tages, das hat vor fast 200 Jahren schon Mörike erlebt und seine belebende Wirkung gepriesen, und zwar ausdrücklich an einem Wintermorgen. Dieser Preis des jungen Tags, der sein „Götterleben" jubelnd mit einem Sprung ins Neue angeht, dürfte uns allen Lust machen auf ein aktiv gestaltetes neues Lebensjahr:

Eduard Mörike „An einem Wintermorgen vor Sonnenaufgang

O flaumenleichte Zeit der dunkeln Frühe! / Welch neue Welt bewegest du in mir? / Was ists, daß ich auf einmal nun in dir / Von sanfter Wollust meines Daseins glühe? /

Einem Kristall gleicht meine Seele nun, / Den noch kein falscher Strahl des Lichts getroffen; / Zu fluten scheint mein Geist, er scheint zu ruhn, / Dem Eindruck naher Wunderkräfte offen, / Die aus dem klaren Gürtel blauer Luft / Zuletzt ein Zauberwort vor meine Sinne ruft. /

Bei hellen Augen glaub' ich doch zu schwanken; / Ich schließe sie, daß nicht der Traum entweiche. / Seh' ich hinab in lichte Feenreiche? / Wer hat den bunten Schwarm von Bildern und Gedanken / Zur Pforte meines Herzens hergeladen, / Die glänzend sich in diesem Busen baden, / Goldfarbgen Fischlein gleich im Gartenteiche? / Ich höre bald der Hirtenflöten Klänge, / Wie um die Krippe jener Wundernacht, / Bald weinbekränzter Jugend Lustgesänge; / Wer hat das friedenselige Gedränge / In meine traurigen Wände hergebracht? /

Und welch Gefühl entzückter Stärke, / Indem mein Sinn sich frisch zur Ferne lenkt! / Vom ersten Mark des heutgen Tags getränkt, / Fühl' ich mir Mut zu jedem frommen Werke. / Die Seele fliegt, so weit der Himmel reicht, / Der Genius jauchzt in mir! Doch sage, / Warum wird jetzt der Blick von Wehmut feucht? / Ist's ein verloren Glück, was mich erweicht? / Ist es ein werdendes, was ich im Herzen trage? / – Hinweg, mein Geist! hier gilt kein Stillestehn: / Es ist ein Augenblick, und Alles wird verwehn! /

Dort, sieh, am Horizont lüpft sich der Vorhang schon! / Es träumt der Tag, nun sei die Nacht entflohn; / Die Purpurlippe, die geschlossen lag, / Haucht, halbgeöffnet, süße Atemzüge: / Auf einmal blitzt das Aug, und, wie ein Gott, der Tag / Beginnt im Sprung die königlichen Flüge!"

Fast noch schöner als den göttlichen Wintertag, hat Mörike das neue Jahr in einem heiter irdischen Kirchengesangbegrüßt, nämlich wie ein neugeborenes menschliches Baby oder sogar wie ein himmlisches Engelein, das auf rührend unbenützten rosigen Füßlein die raue Erde betritt:

Eduard Mörike: „Zum Neuen Jahr (Kirchengesang)

Wie heimlicherweise / Ein Engelein leise / Mit rosigen Füßen / Die Erde betritt, / So nahte der Morgen./ Jauchzt ihm, ihr Frommen, / Ein heilig Willkommen, / Ein heilig Willkommen! / Herz, jauchze du mit! /

In ihm seis begonnen, / Der Monde und Sonnen / An blauen Gezelten / Des Himmels bewegt! / Du Vater, du rate! / Lenk du und wende! / Herr, dir in die Hände / Sei Anfang und Ende, / Sei alles gelegt."

„Heimlicherweise" hat das neugeborene Jährchen die alte Erde betreten, scheu und heilig willkommen geheißen von den Frommen, die sich nicht zutrauen, die Geschicke der Zukunft ganz und gar selbst in die Hand zu nehmen, und sie lieber dem Herrn anvertrauen. Dabei könnten diese Frommen bedacht haben, dass so ein Kindlein ein wenig geleitet und erzogen werden muss, zumal, wenn es eine einzelne seiner Körperpartien besonders wichtig nehmen möchte und etwa: „my belly first" berücksichtigt wissen wollte... Auch insofern haben die Frommen gute Gründe, den Herrn zu bitten, dass er persönlich das GANZE bedenke und in die richtige Richtung „lenken" möge. Das ist wichtig, weil das A und O, der Anfang und das Ende des Wegs, sowieso dem bloß irdischen Bereich des Menschen entzogen ist.

Wunderschön zeigt DAS auch ein Gedicht der Luise Kaschnitz, abgedruckt in einer Gedicht-Sammlung von Peter Härtling: „Lebensalter": Darin begrüßt eine Mutter ihr Kind, das sie eben „zur Welt" bringt, aber sie begrüßt es so, dass eine zweite Verstehensebene sich auftut: Die Mutter, die spricht, ist die vor allem „nährende" „Mutter Welt" selber, die eben eines ihrer Kinder gebiert und um dessen Zukunft besorgt ist; der Kindesvater aber ist der himmlische Vater, der sich mit der Mutter zusammen um die Kinder kümmert – und seinerseits für die Grundorientierung, für das A und O der Erdenkinder, zuständig ist:

Marie Luise Kaschnitz: „Die Mutter spricht

Komm, sagt die Mutter, zur Welt, Kind. / Ich will Dich nähren. / Wozu wir auf dieser Welt sind, / Kann ich dir nicht erklären. / Das sagt dir der Vater morgen / Oder irgendwann. / Ich habe zu tun und zu sorgen, / Mich geht's nichts an. /

Ich will, daß Du immer satt hast / Und kein Regen auf dich fällt / Und du eine bleibende Stätte hast / Hier in der Welt. / Und daß du das Schmutzige meidest / Und den rechten Freund dir erwählst / Und daß du nicht krank wirst und leidest / Und mir immer alles erzählst. /

Ich will Dich nicht gar so mutig / Und auch nicht besonders schön, / Weil die allzu Kühnen und Schönen / So oft zugrunde gehen. / Ja, am liebsten behielt ich Dich immer / Klein und bei mir. / Ich heizte Dir das Zimmer / Und ließe dich nicht vor die Tür. /

Denn draußen ist sehr viel Böses, / Weiß nicht, wo das Gute blieb. / Komm auf die Welt, Kind, / Sieh selbst, Kind. / Vergiß nicht, wir haben Dich lieb."

Was sich diese „Mutter Welt" wünscht für ihr Kind, das wünscht sich – in emanzipiert-modernen Zeiten vielleicht nur noch „heimlicherweise" – wohl jede Mutter für ihr Kind, wobei die Rollenverteilung von „Mutter" Erde und himmlischem „Vater" nicht mit der irdischen gleichgesetzt werden kann! Zu den wichtigen Wünschen beim Jahreswechsel gehören nicht nur die der „irdischen" Mutter sondern auch das, was der „himmlische" Vater zur Grundorientierung seiner irdischen Kinder beisteuert: Jenseits des bloß Nützlichen und Nährenden muss und will der Mensch auch seiner überirdischen Bestimmung entsprechen – „denn der Mensch lebt nicht vom Brot allein"! Der Mensch möchte DAS erfahren und erfüllen, weswegen er auf der Welt ist; und die Mutter Erde, die für Über-Irdisches nicht zuständig ist, verweist ihr Kind zurecht diesbezüglich auf den – himmlischen – Vater! „Wozu wir auf dieser Welt sind", das sagt dir der Vater morgen oder irgendwann." Und auch DEM im neuen Jahr Rechnung zu tragen, könnte zu den aktuellen Neujahrswünschen gehören.

WAS könnte das sein, WOZU – letztlich – sind wir Menschen auf der Welt? WAS ist die Aufgabe, die wir mit der neuen Chance des Neuen Jahres nun angehen und endlich anzugehen nicht verpassen sollten?

Rilke hat in Ägypten eine Antwort auf diese Frage erfahren und weiter gegeben: Der Sphinx (Rilke sagt DER Sphinx) mit dem Menschenangesicht erfüllt und repräsentiert die große Aufgabe, die der Gott dem Menschen vorbehalten hat: sein jahrtausendelanges Schauen des Unendlichen soll ihn adeln und darüber zum Partner machen des unendlichen Gottes, der sich ihm gegenüber zeigt und offenbart. In dem Insel-Bändchen „Reise nach Ägypten" beschreibt Rilke, was er in der Begegnung mit dem Sphinx und im Menschengesicht einer Mumie als höchste Aufgabe erfahren hat: der Mensch kann zum Partner des Unendlichen werden, ja sogar zu dessen Spiegel:

Rilke an Magda von Hattingberg:

„Sie müssen wissen, es ist schwer, an jener Stelle allein zu sein, sie ist völlig zum Gemeinplatz geworden, die nebensächlichsten (für

das große Geschehen „neben-sächlichen") Fremden (die dem großen Geschehen gegenüber vermutlich „fremd" bleibenden) werden
in Massen hingeschleppt." Rilke hatte die Massen der Fremden und
die Wächter umgehen können und verbrachte die lange Nacht in einen schützenden Mantel gehüllt ganz allein im Wüstensand zu Füßen des Sphinx und SCHAUTE. Und er sah: „Alles, was Welt und
Dasein ist, ging auf einer höheren Szene vor, auf der ein Gestirn und
ein Gott sich schweigend entgegenweilten." Mit dem „Gestirn"
dürfte der Sphinx gemeint sein, denn Rilke fährt fort: „hier erhob
sich ein Gebild, das nach dem Himmel ausgerichtet war, an dem die
Jahrtausende nichts wirkten als ein wenig verächtlichen Verfall, und
es war das Unerhörteste, daß dieses Ding menschliche Züge trug,
…. Dieses (menschliche! H.H.) Angesicht hatte die Gewohnheiten
des Weltraums angenommen, einzelne Teile seines Schauens und
Lächelns waren zerstört, aber Auf- und Untergänge der Himmel
hatten ihm überstehende Gefühle (die Untergänge überstehende
Gefühle, H.H) eingespiegelt."

Durch das schauende Gerichtetsein auf den Weltraum wurden
die menschlichen Gesichtszüge des Sphinx zum Spiegel der ge-
schauten Unendlichkeit. Der Sphinx als Repräsentant des Menschen
wurde damit zum einsichtigen Partner der sich offenbarenden Unendlichkeit, und auch der schauende Rilke in seinem bergenden Rei-
semantel wurde in dieser Wüstennacht „auf eine unerwartete Weise
ins Vertrauen gezogen." In der Konzentration auf das aufnehmend
ins Offene gerichtete Menschengesicht des Sphinx versteht Rilke die
Bestimmung des Menschen in der Welt: der Unendliche hat sich den
schauenden Menschen zum Partner erkoren. So zum Partner und
Spiegel des Gottes zu werden, das ist die höchste menschliche Aufgabe, wegen der er auf der Welt ist.

Weniger anspruchsvoll und eher unbewusst erfährt nicht nur der
Mensch sondern alles Irdische solche Teilhabe am Über-irdischen:
Das zeigt Morgensterns „Lied der Sonne", das im Motivkomplex

vom „Mutterlied" der Luise Kaschnitz ein wenig abgewandelt „Sonnenlied des Vaters Helios" heißen könnte:
Christian Morgenstern: „Lied der Sonne

Ich bin die Mutter Sonne und trage / die Erde bei Nacht, die Erde bei Tage. / Ich halte sie fest und strahle sie an, / daß alles auf ihr wachsen kann. / Stein und Blume, Mensch und Tier, / alles empfängt sein Licht von mir. / Tu auf dein Herz wie ein Becherlein, / denn ich will leuchten auch dort hinein! / Tu auf dein Herzlein, liebes Kind, / daß wir ein Licht zusammen sind!"

Und so gibt das Neue Jahr mit zunehmend spürbarerem Einfluss des Sonnengottes Anlass, hier Morgensterns Preis der Wintersonnenwende einzurücken, auch wenn der darüber noch die Überschrift „Ein Weihnachtslied" gesetzt hat:

„Wintersonnenwende! / Nacht ist nun zu Ende! / Schenkest, göttliches Gestirn, / neu dein Herz an Tal und Firn!/ Wintersonnenwende! / Nacht hat nun ein Ende! / Tag hebt an, goldgoldner Tag, / Blühn und Glühn und Lerchenschlag"

Eigentlich schon mit der Wintersonnenwende hebt der neue Zirkel der Jahreszeiten an, aber bis zum Lerchenschlag hat es noch winterwochenlange Weile, und so kann man sich vorbereitend darauf freuen, indem man sich einlässt mit noch winterlich eisigen Beobachtungen und deren bald schmelzenden Zukunftsbildern, wie Morgenstern sie in sein Gedicht „Morgensonne im Winter" ein-„fließen" lässt:

Christian Morgenstern: „Morgensonne im Winter

Auf den eisbedeckten Scheiben / fängt im Morgensonnenlichte / Blum' und Scholle an zu treiben.../

Löst in diamantnen Tränen / ihren Frost und ihre Dichte, / rinnt herab in Perlensträhnen.../

Herz, o Herz, nach langem Wähnen / laß auch deines Glücks Geschichte / diamantne Tränen schreiben!"

Nach alledem, der Geburt der Zukunft, den Neujahrswünschen, dem aktivierenden Gruß des Wintermorgens und des neugeborenen Jahres, den Bitten der Mutter Erde und Angebote zur Partnerschaft mit Vater Helios liest sich Kästners altbekanntes Neujahrslied wie eine Zusammenfassung. Hier ist es:

Erich Kästner: „Der Januar

Das Jahr ist klein und liegt noch in der Wiege. / Der Weihnachtsmann ging heim in seinen Wald. / Doch riecht es noch nach Krapfen auf der Stiege. / Das Jahr ist klein und liegt noch in der Wiege. / Man steht am Fenster und wird langsam alt. /

Die Amseln frieren. / Und die Krähen darben. / Und auch der Mensch hat seine liebe Not./ Die leeren Felder sehnen sich nach Garben. / Die Welt ist schwarz und weiß und ohne Farben. / Und wär so gerne gelb und blau und rot. /

Umringt von Kindern wie der Rattenfänger, / tanzt auf dem Eise stolz der Januar. / Der Bussard zieht die Kreise eng und enger. / Es heißt, die Tage würden wieder länger. / Man merkt es nicht. Und es ist trotzdem wahr. /

Die Wolken bringen Schnee aus fremden Ländern. / Und niemand hält sie auf und fordert Zoll. / Silvester hörte man's auf allen Sendern, / dass sich auch unterm Himmel manches ändern / und, außer uns, viel besser werden soll. /

Das Jahr ist klein und liegt noch in der Wiege. / Und ist doch hunderttausend Jahre alt. / Es träumt von Frieden. Oder träumt's vom Kriege? / Das Jahr ist klein und liegt noch in der Wiege. / Und stirbt in einem Jahr. Und das ist bald."

„Es heißt, die Tage würden wieder länger. Man merkt es nicht. Und es ist trotzdem wahr…"
– Februar –

So haben wir Kästner schon im Januar zitiert, und es ist immer noch wahr – denn immer noch ist es erstaunlich dunkel. Der Februar ist ein finsterer Wintermonat, seine Nächte sind kalt und sie dauern lang. Und so mag manch ein noch „Lebendiger" und durchaus noch „Sinnenbegabter", der aber die Wintersportfreuden für sich bereits hat reduzieren müssen, schon sehnsüchtig auf die „Wundererscheinung" – auf das „allerfreuliche Licht" – warten, wie Novalis das in den Hymnen an die Nacht beschrieben hat:

Novalis (Friedrich von Hardenberg) aus: „Hymnen an die Nacht

Welcher Lebendige, Sinnbegabte, liebt nicht vor allen Wundererscheinungen des verbreiteten Raumes um ihn, das allerfreuliche Licht – mit seinen Farben, seinem Strahlen und Wogen; seiner milden Allgegenwart, als weckender Tag. Wie des Lebens innerste Seele atmet es der rastlosen Gestirne Riesenwelt… – Seine Gegenwart allein offenbart die Wunderherrlicheit der Reiche der Welt."

Nicht nur wintermüde, nein wirklich alle Lebendigen und mit Augen Begabten werden einstimmen können in den Preis der ersehnten Wundererscheinungen des „allerfreulichen Lichts", der „innersten Seele" des lebendig atmenden Sterns, das die „Wunderherrlichkeit" der Welt offenbart, indem es sie sichtbar macht!

Aber dieses hohe Lob des Lichts ist für den Romantiker Novalis nur die kontrastierende Einleitung für sein viel umfassenderes Preisen der Nacht, denn gleich danach beginnt er die ihm viel wichtigere Lobeshymne an die Nacht:

Novalis: aus „Hymnen an die Nacht

... Abwärts wend ich mich zu der heiligen, unaussprechlichen, geheimnisvollen Nacht. Fernab liegt die Welt – in eine tiefe Gruft versenkt –, wüst und einsam ist ihre Stelle. In den Saiten der Brust weht tiefe Wehmut. In Tautropfen will ich hinuntersinken und mit der Asche mich vermischen. ... Was quillt auf einmal so ahndungsvoll unterm Herzen, und verschluckt der Wehmut weiche Luft? Hast auch du ein Gefallen an uns, dunkle Nacht? Was hältst du unter deinem Mantel, das mir unsichtbar kräftig an die Seele geht? Köstlicher Balsam träuft aus deiner Hand, aus dem Bündel Mohn. Die schweren Flügel des Gemüts hebst du empor -..."

Wir halten ein, um die Bewegung des Geschehens nachzuzeichnen, das in der Erfahrung „Nacht" die „Flügel" des Gemüts dessen, der die „Nacht" erlebt, hoch „heben" lässt:

Nach dem Preis des „Lichts", das die „Wunderherrlichkeit" der Welt sichtbar macht, wendet sich die Aufmerksamkeit des Dichters „abwärts" in die tiefe, heilige und geheimnisvolle „Nacht." Sie ist – im Gegensatz zur Welt des Lichtes – von der Welt abgewandt. Sie liegt „fernab", in einer tiefen Grabesgruft, und ihre „Stelle", also der Ort, wo sie weilt, ist „wüst" und „einsam" und damit vom Leben getrennt. Voller „Wehmut" möchte sich das Ich in abgelebte Asche der Welt vermischend auflösen. Da quillt unverhofft ein Ahnen in ihm auf, das die „weiche Luft der Wehmut" „verschluckt" und also zunichte macht, ein Gefühl, als nähere sich die Nacht selber anteilnehmend dem ahnungsvollen Ich und halte Kräftigendes für den Menschen in ihrem dunklen Mantel bereit. „Köstlichen Balsam" bringt sie den Menschen, wohlschmeckend Heilendes fließt aus ihrer Hand beziehungsweise aus dem Bündel „Mohn", das ihre Hand umfasst: „Mohn" aber, das bedeutet im Reich der poetischen Symbole die Übergänge der Bereiche Schlaf, Traum und Tod, schmerzlindernde Opium-Phantasien, Glück in verschwimmendem Dunkel.

Solcher Mohn der Nacht aber berauscht nicht, er macht nicht „flügel"-lahm sondern mit ihrem Büschel Mohn „hebt" die geheimnisvolle Nacht die schwer gewordenen „Flügel" des Gemüts im Men-
schenkind „empor". Und SO geht es dann weiter:

Novalis: aus „Hymnen an die Nacht,

…Dunkel und unaussprechlich fühlen wir (Kinder des „Lichts"
oder des „Tages", der uns verlassen hat!) uns bewegt – ein ernstes
Antlitz seh ich froh erschrocken, das sanft und andachtsvoll sich zu
mir neigt, und unter unendlich verschlungenen Locken der Mutter
liebe Jugend zeigt. Wie arm und kindisch dünkt mir das Licht nun –
wie erfreulich und gesegnet des Tages Abschied… Himmlischer, als
jene blitzenden Sterne, dünken uns die unendlichen Augen, die die
Nacht in uns geöffnet. Weiter sehn sie, … – unbedürftig des Lichts
durchschaun sie die Tiefen eines liebenden Gemüts – was einen höhern Raum mit unendlicher Wollust füllt. …"

Noch einmal halten wir ein, um uns den beschriebenen Vorgang
ganz deutlich zu machen: Eigentlich sind wir Menschen Kinder des
Tages, im Tageslicht erkennen wir die Wunderherrlichkeiten der
Welt. Wenn aber dann die Nacht über uns kommt, spüren wir, wie
auch die dunkle Nacht etwas wie: Gefallen an UNS hat, ja sie hat
sogar ein mütterliches Gefallen an uns, und sie bringt uns solche Gaben, dass die Gaben der „Tages-Mutter" uns darüber als geringer,
nämlich „arm und kindisch" vorkommen. Die Nachtmutter schenkt
uns den „Mohn" und sie öffnet unsere Augen „unendlich", so dass
wir in ihrem Reich viel weiter sehen als im Licht des Tages. Die
Nacht eröffnet uns „einen höhern Raum", und das sowohl innen, in
den „Tiefen" unseres „liebenden Gemüts" als auch im unendlich hohen Raum des Universums. Und SO lässt Novalis seine erste Hymne
an die Nacht im „Preis der Weltkönigin" dann ausklingen:

„Preis der Weltkönigin, der hohen Verkünderin heiliger Welten,
der Pflegerin seliger Liebe – sie sendet mir dich – zarte Geliebte –
liebliche Sonne der Nacht, – nun wach ich – denn ich bin Dein und

Mein – du hast die Nacht mir zum Leben verkündet – mich zum Menschen gemacht – zehre mit Geisterglut meinen Leib, daß ich luftig mit dir inniger mich mische und dann ewig die Brautnacht währt."

Der Preis der Nacht des Novalis mündet in wollüstig romantischer Todessehnsucht, in der Selbst-Aufgabe und Selbst-Findung zusammenfallen und Liebe und Tod im Zeichen des Mohns ineinander verschmelzen.

Diese romantische Sehnsucht nach dem Tod ist aber nichts anderes als die Sehnsucht nach „Entgrenzung", nach Überschreiten irdischer Beschränkung. In der „Südwest-Bibliothek" erschien 1968 unter dem Titel „Blume der Nacht" eine Untersuchung von Hansjörg Schmitthenner über „Traum und Wirklichkeit der Romantik" und das Buch besticht, weil es seine Thesen an vielen poetischen Beispielen verdeutlicht. Dabei zeigt sich, dass die Themen und Anliegen der Romantik nicht auf diese Epoche begrenzt interessieren und die Epoche der Empfindsamkeit und vor allem der Sturm und Drang Goethes viel „Romantisches" vorweggenommen hat. Und tatsächlich sehnt sich schon der „Urfaust" Goethes nach entgrenzender Einsicht in die Allheit der Natur (z.B. V29ff), wo Faust erkennen will, was die Welt „im Innersten" zusammenhält, oder (V44ff) wo er verdeutlicht, dass die bloß wissenschaftliche Einsicht dem irdischen „Kerker" zugeordnet bleibt. Und Goethes „Werther" leidet weit weniger an der aussichtslosen Liebe zu Lotte als an der – für ihn unerträglichen „Einschränkung" des Menschen: Es heißt dort zum Beispiel „Wenn ich die Einschränkung ansehe…, in welche die Kräfte des Menschen eingespannt sind",…dann „hält er (der Mensch) doch immer im Herzen das süße Gefühl der Freiheit, und daß er diesen Kerker (!) verlassen kann, sobald er will." (22. Mai) Es ist solch eine Sehnsucht nach Ent-Grenzung und nach Befreiung aus dem irdischen „Kerker", die Novalis dazu führt, das Licht des Tages zu verschmähen und die weitersehenden Augen des Nächtlichen zu suchen. Diese Sehnsucht aber ist nicht nur romantisch, sie bleibt nicht auf eine bestimmte Epoche begrenzt. Zurecht heißt es im Text der ersten Hymne: mit der Erfüllung dieser Sehnsucht nach Ent-Grenzung habe die Mutter „Nacht" ihn (den Menschen) „zum Menschen gemacht". Es ist und bleibt die – nicht nur romantische – Sehnsucht DES MENSCHEN, am Unendlichen teil zu haben, ja (gleichwertiger) Partner des Unendlichen zu werden, und das bei Novalis auch dann, wenn es nur im Tod gelingen könnte

Dass es in den Hymnen an die Nacht um Todes-Sehnsucht geht, das verdeutlicht sich denn auch in der ungeduldigen Frage, mit der Novalis seine zweite Hymne an die Nacht beginnen lässt: „Muß immer der Morgen wiederkommen?" Wir, die wir Freude an der Nacht auf die im Februar noch anhaltende Winternacht zu übertragen suchen, werden sie so nicht stellen, denn im Jahresrythmus wartet man anders, nämlich durchaus mit irdischer Zuversicht auf die Wiederkehr des belebenden Lichts.

Aber eine Zeitlang kann man den anhaltenden Winter auch im Februar noch schön finden – zum Beispiel mit Mörike in dessen Idylle „Der alte Turmhahn.

In den groben Einteilungen einer oberflächlichen Literaturgeschichte wird Mörike bisweilen in die Schublade „Bieder-Meier" versenkt, und das sprechende Etikett ordnet den schwäbischen Dichter ein unter altväterlich idyllisch vergnügtes Spießertum. Wer seine Peregrina-Lieder liest oder wer sich mit SEINER Hymne an die Nacht – „Gelassen stieg die Nacht an Land" – einlässt, der weiß, dass Mörike ein ganz Großer ist, der sowohl den hohen Aufschwung der menschlichen Seele ausdrücken kann als auch die niederschmetternde Erfahrung ihres Scheiterns. Damit sprengt Mörike alle biedermeierlichen Schubladen und dann lässt er sie ungebärdig hinter sich offen stehen. In seiner Lyrik hat er vielerlei Formen und Tonlagen aufgegriffen, darunter aber eben auch antike Idyllen, die mit „biedermeierlich" wirkender Freude am Kleinen und Alltäglichen hängen. Das griechische Wort „Idylle" heißt Bildchen und diente als

Dichtform zur Schilderung ungetrübten, natürlichen Daseins, vor allem in der Schäferdichtung. Schiller betrachtet die Idylle indes nicht mehr als „naive" sondern als „sentimentalische" – das heißt als reflektierende Dichtung , und er begründet das damit, dass die Idylle der Wiederherstellung eines verloren gegangenen natürlichen Zustandes diene.

Mörikes märchenhafter „Turmhahn" hat denn auch zu Beginn des Gedichts seine natürliche Existenz bereits aufgeben müssen, denn er war von seinem Kirchturm „veracht't und schmählich abgesetzt" worden. Des Turmhahn „Pfarrherr" sieht ihn so liegen, kauft ihn für einen Schoppen Wein und lässt ihn auf dem Kachelofen in seiner Studierstube anbringen. Dieser Ofen ist „ein guter Hort / Für Kind und Kegel und alte Leut, / Zu plaudern, wenn es windt und schneit." So fühlt sich der Turmhahn wohl in der warmen Pfarrstube, freut sich besonders im Winter, wenn er seinem Herrn abends beim Vorbereiten der Predigt zusehen darf, und so feiert das idyllische „Bildchen" die winterlich behagliche Welt des abgewirtschafteten Turmhahns UND seines Pfarrherrn. Mörike scheint, obwohl er schon 1828 seine „Vikariats-Knechtschaft" beklagt, offenbar ganz gern über seiner frommen Predigt gesessen zu sein und sie ersonnen zu haben. Der Turmhahn erzählt:

Mörike: aus „Der alte Turmhahn

…Seit daß ich hier bin, dünket mir / Die Winterzeit die schönste schier. / Wie sanft ist aller Tage Fluß / Bis zum geliebten Wochenschluß! / – Freitag zu Nacht, noch um die Neune, / Bei seiner Lampen Trost alleine, / Mein Herr fangt an sein Predigtlein / Studieren; anders mags nicht sein; / Eine Weil am Ofen brütend steht, / Unruhig hin und dannen geht: / Sein Text ihm schon die Adern reget; / …/Zu schreiben endlich er sich setzet, / Ein Blättlein nimmt, die Feder netzet, / Zeichnet sein Alpha und sein O /…/ Und ich von meinem Postament / Kein Aug ab von meinem Herrlein wend; /

Seh, wie er, mit Blicken steif ins Licht, / Sinnt, prüfet jedes Worts Gewicht..."

Gelehrtenfreuden, Dichterfreuden sind das, gemütlich strenge Winterarbeit, die die Nacht zum erhellenden Tag werden lässt und den ausgedient habenden beobachtenden Turmhahn in die Winteridylle mit einbezieht. Auch „Monat-im Gedicht"-Schreibende kennen und mögen solch wörterprüfende Arbeit an langen Winterabenden...

Seit altersher aber sind die langen Winterabende Anlass zu großen und kleineren Gesellschaften und Faschingsbällen. In der Münchner Studienzeit waren die Bälle des Deutschen Theaters total IN. Früher, in der Oberstufe des Gymnasiums, konnte man sich mit Geschwistern und Freunden einen eigenen Partykeller einrichten: die damals moderne Mutter brauchte keine Waschküche mehr, die Waschmaschine wurde irgendwo untergebracht, der Raum wurde umfunktioniert und als „Bar zum Krokodil" zum toll dekorierten Party-Raum. Da tanzte man dann Rock'n roll mit einem buntglänzenden Kleopatra-Kragen über dem engen schwarzen Overall unter einer schwarzschimmernden Bastperücke, deren Haare man rundherum 5 cm über den Schultern total gerade abgeschnitten hatte. Dazu gab's verdünnten Gin Fizz und Wiener Faschingskrapfen, die man natürlich selber nach großmütterlichem Rezept aus aufwendigem Germteig im heißen Fett ausgebacken hatte: „Um schöne weißgeränderte Faschingskrapfen herzustellen, ist vor allem ein gut erwärmter Raum notwendig. Aber auch das Mehl und alle anderen Zutaten müssen gut durchwärmt sein. Selbstverständlich auch das Küchenbrett..." Heiße und duftende Faschings-Idyllen erlebte man da – ein Glück, dass die moderne Mutter mit dem Waschraum nicht auch gleich ihre Küche aufgegeben hatte. Am Nachmittag des Faschingsdienstags aber gab's und gibt es heute in Zeiten der Auffrischung regionaler Kulturen erst recht wieder die allgemeinen Faschingsumzüge auf den Straßen aller großen und kleinen Orte. Da sind dann nahezu alle Bewohnern auf meist bunten Beinen, die einen laufen oder fahren gruppenweise dekoriert, im organisierten Umzug mit, die anderen stehen am Straßenrand in ebenfalls tollen Verkleidungen und vor allem mit fantastischen Hüten über den schützenden Wintermänteln. Da haben dann auch die Kinder ihren Faschingsspaß und schnappen sich die ausgestreuten Süßigkeiten und lassen sich mit bunten Konfettis bewerfen und futtern Krapfen und Zuckerwatte. Die Erwachsenen aber lachen über die Frechheiten gegenüber denen, die in der Kommune sonst das alleinige „Sagen" haben – fast so, wie es im Profi-Karneval am lustigen Rhein oder im ausgelassenen Italien auch – und auch immer noch – der Fall ist.

Goethe hat sich das dort genau angesehen und in seiner „Italienischen Reise" mit bunten Zeichnungen der Maskierten angereichert, darüber berichtet, zum Beispiel so:

Goethe aus „Das römische Karneval

…Das römische Karneval ist ein Fest, das dem Volk eigentlich nicht gegeben wird, sondern das sich das Volk selbst gibt. … hier wird vielmehr nur ein Zeichen gegeben, dass jeder so töricht und toll sein dürfe, als er wolle, und daß außer Schlägen und Messerstichen fast alles erlaubt sei. Der Unterschied zwischen Hohen und Niedern scheint einen Augenblick aufgehoben, jeder nimmt, was ihm begegnet, leicht auf, und die wechselseitige Frechheit und Freiheit wird durch eine allgemeine gute Laune im Gleichgewicht erhalten. In diesen Tagen freut sich der Römer noch zu unsern (Goethes!) Zeiten, dass die Geburt Christi das Fest der Saturnalien und seiner Privilegien … nicht aufheben konnte…"

Als Künstler bemerkte Goethe aber auch, dass „dieses Volksfest wie ein anderes wiederkehrendes Leben …seinen entschiedenen Verlauf hatte. Dadurch ward ich dem Getümmel versöhnt, ich … bemerkte genau den Gang der Torheiten, und wie das alles doch in einer gewissen Form ablief…" (Italienische Reise, Februar 1788)

Solch formale Beobachtungen des Karnevalzuges dürften auch bewirkt haben, dass Goethe einen Maskenzug dann als gespiegelten Verlauf einer griechisch-romantischen Kunstgeschichte in die Mummenschanzszene des „Faust II" eingebaut hat. Damals in Rom aber hatte er bald genug davon, er schrieb am 1. Februar in der ital. Reise: „Wie froh will ich sein, wenn die Narren künftigen Dienstagabend zur Ruhe gebracht werden. Es ist eine entsetzliche Sekkatur, andere toll zu sehen, wenn man selbst nicht angesteckt ist."

Bei uns und am lebensfrohen Rhein dauert es diesmal erheblich länger, bis die Narren am Aschermittwoch „zur Ruhe gebracht" werden: der Aschermittwoch fällt heuer auf den 3. März!

Da kann man nur hoffen, dass kaltes Winterwetter bis dahin für ein anderes Wintervergnügen sorgt: Schon sind an den bayrischen Seen die Niedrigwasserstellen dick zugefroren und mit weitere Kaltfronten könnten herrliche Eislaufzeiten anfallen! Maskierte Schifahrer in Weiberröcken und Haferlschuhen, das ist schon lange DER Gag auf dem Sudelfeld, und beim Schlittschuhfahren wirkt eine stilvolle Faschings-Kostümierung noch besser. Aber schön und romantisch ist das paarweise Laufen und Tanzen auf dem Eis sowieso. Der Dichter Klopstock, dessen Begeisterungsfähigkeit die junge Generation der Stürmer und Dränger gegen die als allzu nüchtern geltende Aufklärung hat rebellieren lassen, Klopstock hat hin- und mitreissende Verse über das Schlittschuhlaufen gemacht: Das lange Gedichte bedauert zunächst vier Strophen lang, dass der Erfinder der Schlittschuhe nicht mit einem unsterblichen Namen belohnt worden sei, und in den letzten fünfen hagelt es schulmeisterlich pedantische Anweisungen für den jüngeren Tanzpartner. Dazwischen aber versteht der ältere Partner den jüngeren mitzureissen in die Freude an der aufeinander abgestimmten Bewegung im musikalisch beschwingtem Tanz der Paare auf „des eisigen Kristalls Ebene":

Friedrich Gottlieb Klopstock: aus „Der Eislauf

…Du kennest jeden reizenden Ton / Der Musik, drum gib dem Tanz Melodie! / Mond, und Wald höre den Schall ihres Horns, / Wenn sie des Flugs Eile gebeut. /

O Jüngling, der den Wasserkothurn (hier wohl Schlittschuh) / Zu beseelen weiß, und flüchtiger tanzt / Laß der Stadt ihren Kamin! Komm mit mir, / Komm mit mir, / Wo des Krystalls Ebne dir winkt! /

Sein Licht hat er in Düfte gehüllt, / Wie erhellt des Winters werdender Tag / Sanft den See! Glänzender Reif, Sternen gleich, / Streute die Nacht über ihn aus! /

Wie schweigt um uns das weiße Gefild! / Wie ertönt vom jungen Froste die Bahn! / Fern verrät deines Kothurns Schall dich mir, / Wenn du dem Blick, Flüchtling, enteilst. / …

Zur Linken wende du dich, ich will / Zu der Rechten hin halbkreisend mich drehn. / Nimm den Schwung, wie du mich ihn nehmen siehst. / Also! nun fleug schnell mir vorbei!"…

Auch der rätselhaft verspielte und tiefsinnige Dichter Morgenstern hat einen Tanz beschrieben; der findet nicht auf dem Eis statt sondern hat sich vor allem in den in den Karnevalsgeselligkeiten einen festen Platz erobert: es ist die Polonaise, die den Maskierten willkommene Gelegenheit bietet, sich der Gesellschaft vorzustellen. Bei diesem Dichter wird der heitere Gesellschaftstanz zur sinnigen „Parabel" für den Abtanzball des sich erneuernden Lebens:

Christian Morgenstern: „Parabel

Kennst du die Figur der Polonaise, / wenn die Paare, hochgefaßter Hände, / Lauben, wie die Tänzer sagen, bilden? /

Und das immer letzte Paar, sich bückend, / durch die Bogen an die Spitze schreitet, / dort als Tor sich wieder aufzustellen? /

Nun, so wirst du mich begreifen, wenn ich / dies betrachtend, an die Menschheit denke, / wie sie sich vom Greis zum Kind erneuert: /

Gleich als ob das Paar des höchsten Alters / plötzlich in der andern Rücken schwände, / vorn das Spiel von neuem aufzunehmen…"

Wie in der beschriebenen Polonaise verschwindet das Paar des höchsten Alters von der Bildfläche, um dann – ungesehen und im Rücken der anderen – das Spiel von neuem aufzunehmen. Der Dichter „denkt" beim Ringelreihn der Polonaise an die sich ständig erneuernde Menschheit. Dabei kann auch das jeweils älteste einzelne Paar hoffen, nach dem scheinbaren Verschwinden erneut am „offenen" Tor zu stehen. Und hoffnungsvoll wie in der beschriebenen Polonaise – und wie mit der Menschheit – sieht dieser Dichter auch den Winter: Mit seinem weichen leisen Schnee wirkt er auf Morgenstern nicht wie einer, der weh tut sondern vielmehr wie einer, der „selbst das herbste Weh" lindert und „dämpft".

Christian Morgenstern: „Winter

Der Fjord mit seinen Inseln liegt / wie eine Kreidezeichnung da; / die Wälder träumen schnee-umschmiegt, / und alles scheint so traulich nah. /

So heimlich ward die ganze Welt… / als dämpfte selbst das herbste Weh / aus stillem, tiefem Wolkenzelt / geliebter, weicher, leiser Schnee."

Dennoch werden sich viele Menschen freuen, wenn schon Ende Februar erste laue Winde zu spüren sind:

Hermann Hesse: „Februarabend

Bläulich dämmert am Hügel hinab zum See / Matten Schimmers im Schmelzen der Schnee, / In den Nebeln, gestaltlos wie bleiche Träume / Schimmern vielästige Kronen erstorbener Bäume. /

Aber durchs Dorf, durch alle schlummernden Gassen / Wandelt der Nachtwind, schlendert lau und gelassen, / Rastet am Zaun und läßt in den dunklen Gärten / Und in den Träumen der Jugend Frühling werden."

Feinfühlig registriert auch Morgenstern die ersten Auswirkungen des einsetzenden Tauwinds und horcht in den ersten Vorfrühlingsnächten dem Tauwind zu und dem Brechen des Eises und ist selber emphatisch bewegt von der „Woge" weiterer Erneuerung:

Christian Morgenstern: „Vorfrühling

Vorfrühling seufzt in weiter Nacht / daß mir das Herze brechen will; / die Lande ruhn so menschenstill / nur ich bin aufgewacht. /

O horch, nun bricht des Eises Wall / auf allen Strömen, allen Seen; / mir ist, ich müßte mit vergehn, / und, Woge, wieder auferstehn / zu neuem Klippenfall. /

Die Lande ruhn so menschenstill; / nur hier und dort ist wer erwacht, / und seine Seele weint und lacht, / wie es der Tauwind will."

„Schon ein Kind merkt, daß die Tage langen und
... die Bächlein zu murmeln beginnen..."
– März –

„Schon ein Kind merkt, daß die Tage langen (!, also länger werden) und die Betzeitglocken immer später erschallen, die Bächlein zu murmeln beginnen, wie fast plötzlich die goldenen Winterlinge ihre Köpfchen aus dem Schnee emporheben und ... leise erst spürt man, wenn man an der Rinde lauscht, ein fernes Rauschen und Dehnen auch in den hohen Bäumen. Ganz deutlich schwatzen nun kleine Singvögel schon von Paarung und Nestbau."

Diese Beobachtungen zum ersten Frühlingsanfang finden sich im Insel-Frühlingsbuch unter der Überschrift „Vorfrühling" und stammen aus einem Buch „Frau Haselin zu Freund Hein" von Karl Alfons Meyer (1883-1989), einem Schweizer.

Nicht nur moderne Soziologen dürften amüsiert bemerken, wie sehr diese Erfahrung „Vorfrühling" der naturbezogenen noch eher bäuerlichen Gesellschaft der Jahrhundertwende verpflichtet ist. Schon das aktiv zupackende Wort „langen" für das schwächer anmutende passive Verb „länger werden" könnte einen naturentfremdeten Städter für wortkarge aber sachkundige Bauern schwärmen lassen! Und auch aktive Christen könnten in noch so kleinen Städtchen und Gemeinden das Wachsen der Tage heute nicht mehr an immer später zum Gebet mahnenden Glockenläuten festmachen, wie es in der Schweiz vor knapp hundert Jahren noch üblich war! Und wohl DEM zeitgenössischen Städter, der den Vorfrühling daran bemerken kann, dass Bächlein zu murmeln anfangen und hohe Bäume wegen der nun steigenden inneren Säfte Dehngeräusche hören lassen!

Doch, wann wäre überhaupt „Vorfrühling"? Der Autor verweist auf Hofmannsthals Gedicht „Vorfrühling", das aber gebe über den realen Zeitpunkt keine Auskunft, denn dessen Wind – „es läuft der Frühlingswind durch kahle Alleen" – enthalte bereits verwehte Akazienblüten, und das könne erst sein, wenn die Alleen schon voll belaubt seien. So ein Widerspruch, meint der naturkundige und belesene Schweizer, wäre bei Goethe nicht vorgekommen:

Oft habe Goethe die allerersten Frühlingstage besungen. »Tage der Wonne, kommt ihr so bald?«, heiße es in »Frühzeitiger Frühling«, aber vorsichtig, denn Goethe kenne die Rückschläge bis zu den Eisheiligen....

Soviel zunächst von dem Schweizer Beobachter des Vorfrühlings, der zurecht auch von österreichischer und deutscher Seite sachkundige Stimmigkeit erwartet. Wir nehmen uns seine Worte zu Herzen und verschieben Goethes Lied vom Frühlingsbeginn mit dessen Tagen „voll Wonne", wenn auch nicht gleich bis nach den Eisheiligen im Mai – so doch auf den späteren März.

Vorfrühling – das ist die Zeit, wo in den Gärten die vielen Schneeglöckchen zu blühen beginnen. „Eh's noch jemand hat gedacht", hängen mitunter ihre schneeweißen Glöckchen über dem noch ziemlich schneeweißen Schnee:

Joseph von Eichendorff: „Schneeglöckchen

`s war doch wie ein leises Singen / In dem Garten heute nacht, / Wie wenn laue Lüfte gingen: / »Süße Glöcklein, nun erwacht, / Denn die warme Zeit wir bringen, / Eh's noch jemand hat gedacht.« – / 's war kein Singen, 's war ein Küssen, / Rührt' die stillen Glöcklein sacht, / Daß sie alle tönen müssen / Von der künft'gen bunten Pracht. / Ach, sie konntens nicht erwarten, / Aber weiß vom letzten Schnee / War noch immer Feld und Garten, / Und sie sanken um vor Weh. / So schon manche Dichter streckten / Sangesmüde sich hinab, / Und der Frühling, den sie weckten, / Rauschet über ihrem Grab."

Das romantische Lied gibt sich einfach und strophenlos, versteckt darunter aber einen ziemlich komplizierten Aufbau: Die ersten sechs Zeilen werden durch dreimaligen Kreuzreim (ababab) zu EI-NER Strophe gebündelt. Danach kommen drei vierzeilige Strophen, die durch zweizeilige Kreuzreime zusammengefasst werden, sodass die erste Strophe um zwei Zeilen-, beziehungsweise um zwei Reim-wörter verlängert wird und dadurch mehr Gewicht bekommt als die kürzeren späteren. Außerdem wiederholt die erste Halbzeile der zweiten Strophe noch einmal das erste Reimwort „Singen" aus der ersten Strophe: „'s war kein SINGEN, 's war ein Küssen", ein kleiner Trick, der ebenfalls den Bereich der ersten Strophe ausweitet!

Dem Aufbau entsprechend bringt die verlängerte erste Strophe das Hauptereignis des märchenhaften Gedichtes: das „leise Singen", das die Schneeglöckchen aus ihrem Winterschlaf wieder zum Leben erwachen lässt. Dieses „leise Singen" klingt, wie wenn „laue Lüfte gingen", die „warme Zeiten bringen", heißt es zunächst, doch dann korrigiert sich das Gedicht: das war KEIN Singen, es war ein liebe-volles Küssen, das die Schneeglöckchen ganz „sacht" „rührte" und erwachen ließ, wie der Kuss des Prinzen das Dornröschen erwachen ließ und damit – wie Schneewittchen – wieder zum Leben erweckt hat!

Und die Schneeglöckchen wurden nicht nur zum Erwachen und zum neuen Leben gebracht – sondern auch zum „Tönen", denn ihre Glöckchen künden von der kommenden ersten Blümchenpracht, die SIE einleiten und sozusagen auch „ein-läuten"!

Die dritte Strophe leitet mit einem traurigen „Ach" zu der kurze Lebenszeit der ungeduldigen Glöckchen über, sie drängten zu früh ins Leben, denn „sie konntens nicht erwarten", bis sie und all die durch sie verkündigten Blümchen wirklich an der Reihe sein könn-ten: ihr Garten war – wie ihr Name – noch zu sehr dem winterlichen Schnee verhaftet, wenn auch „dem letzten Schnee" und so gesellt sich zu dem winterlichen Wort „SCHNEE" das Reimwort „Weh":

Sie kamen zugleich mit dem letzten Schnee „Und sie sanken um vor Weh".

Hier hätte das Gedicht von den sehnsüchtig ins Leben drängenden Schneeglöckchen zu Ende sein können. Eichendorff aber hängt noch einen Vierzeiler an, der deren Sehnsucht nach neuem Leben mit dem Todesmotiv verbindet: in dieser letzten Strophe vergleicht er das Schicksal der zu früh den Frühling einläutenden Glöckchen mit den (romantischen?) Dichtern: auch mancher von diesen sei „sangesmüde" gestorben, sodass die holde Frühlingsluft, die diese Dichter verkündigt und damit eingeleitet haben, erst über ihrem Grabhügel „rauscht".

Diese schöne und wehmütige Motivverbindung von Sehnsucht nach dem Frühling und tödlichem „Weh" dürfte der Schweizer Naturkenner Meyer indes ebenfalls als unrealistisch verworfen haben: überraschenderweise überleben die Schneeglöckchen in der Wirklichkeit die noch winterlich weiße kalte Welt erstaunlich lange und zumindest scheinbar ohne jedes Weh! So dürfte dem Schweizer der Österreicher Waggerl eher aus der Seele sprechen, der auch ein sehr schönes Gedicht über sehr früh blühende Blüten gemacht hat:

Karl Heinrich Waggerl: „Krokus

Gott fügt es. / ER bestimmt die Zeit. / ER heißt ihn blühen, obwohl es schneit, / und ihm genügt es."

Der kleine Vierzeiler wirkt fast wie ungereimte Prosa: der umklammernde Reim (abba, also „es" „Zeit" „schneit" und wieder „es") bleibt fast unbemerkt, weil das zweimalige blasse Reimwort „es" kaum als Umklammerung wahrgenommen wird, und der – dadurch umklammerte deutlichere Reim „Zeit" und „schneit" verschwindet, weil die verschieden lang wirkenden Zeilen trotz ihres durchgehalten gleichen Rhythmus keine Reimbindung erwarten lassen. Dennoch „wirkt" sie – denn beim zweiten oder beim lauten

Lesen merkt man: der umklammernde Reim heißt „fügt es" – „genügt es", die Reimbindung wirkt wie ein verstecktes Gesetz, das dem Inhalt ein festes Gerüst gibt. Und worum geht es inhaltlich?

Wieder um eigentlich verfrühtes Blühen aus schneebedeckter Erde im noch kalten Vorfrühling. Wie schön und was für ein Wunder sind diese zart lila oder weiß blühenden Krokuswiesen! Man denke sich einen März-Schifahrer am Arlberg: wenn er gegen halb fünf vom letzten Lift die Abfahrt ins Tal gemacht hat, kann es geschehn, dass die Talfahrt in einer Krokuswiese endet: fast noch aus dem Schnee wachsen Unmengen von kleinen rührenden Kelchlein der kaum noch merklichen Frühlingssonne entgegen. Sie blühen, obwohl es schneit, und ihre Blüten sind, wenn sie weiß sind, nur dadurch vom Schnee zu unterscheiden, dass sie zarter wirken als die kaltweißen Schneekristalle, weicher, lebendiger, gefährdeter. Aber der Dichter hat richtig hingeschaut und gesehen: Diese zarten Erstlinge des Frühlings blühen früh, ZU früh für ihre Zartheit. Aber: „Gott fügt es". Er, ihr Schöpfer, bestimmt ihre Zeit. ER heißt sie blühen, obwohl es schneit; und dann der „umarmende Reim", der Anfang und Ende verbindet: ER fügt es, und ihm, dem Krokus, „genügt es." Und grad so erlebt es der beglückte Schifahrer am Arlberg im März: auch IHM „genügt es" und zudem ist es ihm eine Vorfreude. So ein bisschen Frühlingssonne genügt für so unendlich rührendes Blühen; was kann da noch zu erwarten sein, wenn die Sonne stärker wird! Hier mischt sich kein Weh in das erste Versprechen des kommenden Frühlings…

Auch Friedrich Hebbel (1813-1863) hat ein Gedicht über den Vorfrühling gemacht und über die gewaltigen Kräfte, die er darin am Werk und einander widerstreiten spürte: das Drängen der gebärfreudigen Erde, und die züngelnd durchdringenden Lichter des Himmels, oder: die schützenden irdischen Wolkenmassen, die sich gegenüber der himmlischen Sonne „ballen", um die Knospen vor dem zu frühen Blühen zu hüten:

Friedrich Hebbel: „Vorfrühling

Wie die Knospe hütend, / Daß sie nicht Blume werde, / Liegt`s so dumpf und brütend / Über der drängenden Erde./

Wolkenmassen ballten / Sich der Sonne entgegen, / Doch durch tausend Spalten / Dringt der befruchtende Segen. /

Glühende Düfte ringeln / In die Höhe sich munter. / Flüchtig grüßend, züngeln / Streifende Lichter herunter./

Daß nun, still erfrischend, / Eins zum andern sich finde, / Rühren, alles mischernd, / Sich lebendige Winde."

Dabei beginnt dieser kraftvolleVorfrühling ganz zart und behutsam: Wie wenn er jede Knospe davor hüten wolle, dass sie nicht jetzt schon, also zu früh, bereits „Blume" werde, liegen „dumpf und brütend" Wolkenmasssen über dem Erdboden, um die Knospen vor der wachstumsfördernden bereits starken Sonne zu „hüten". Aber da die warmen Sonnenstrahlen ja eigentlich „befruchtender Segen" sind, dringen sie durch selbstgeschaffene Wolken-Spalten dennoch vom Himmel herab auf die sich – dadurch – erwärmende Erde. So steigen von ihr sonnenerwärmte „glühende Düfte" zum Himmel auf, während die streifenden Sonnenlichter vom Himmel heruntersteigen. Und „dass" oder „damit" so – „still erfrischend" – Himmlisches und Irdisches zusammenwirke und „eins im andern" sich vermählend „finde", unterstützen „lebendig" gewordene Winde das kraftvoll befruchtende und befruchtete Geschehen, das Himmel und Erde – gerade im Vorfrühling spürbar – ehelich verbindet!

Dabei könnte einem die erste Strophe von Eichendorffs Lied „Mondnacht" einfallen, denn da war's, als habe die Verliebtheit zwischen dem Himmelsjüngling und der noch jungfräulich vorfrühlingshaften Erde begonnen:

Joseph von Eichendorff: „Mondnacht

Es war, als hätt der Himmel / Die Erde still geküßt, / Dass sie im Blütenschimmer / Von ihm nun träumen müßt…"

Damit aber ist die kurze Brautzeit der jungfräulichen Erde vorüber, ihre ersten Frühlingskinder haben als Schneeglöckchen und zart resistente Krokusse wie Blüte gewordene (Kro-)Küsse ihre liebend vollzogene Verbindung mit dem Himmel bereits bezeugt. Und so ist es Zeit, noch vorsichtig Goethes erstes Frühlingslied einzurücken, denn mit diesen ersten Frühlingsboten haben sie ja schon aufs herzigste begonnen, die Frühlings-Tage der Wonnen:

Johann Wolfgang Goethe: „Frühzeitiger Frühling

Tage der Wonne, / Kommt ihr so bald? / Schenkt mir die Sonne, / Hügel und Wald? /

Reichlicher fließen / Bächlein zumal. / Sind es die Wiesen, / Ist es das Tal? /

Blauliche Frische! / Himmel und Höh`! / Goldene Fische / Wimmeln im See./

Buntes Gefieder / Rauschet im Hain; / Himmlische Lieder / Schallen darein./

Unter des Grünen / Blühender Kraft / Naschen die Bienen / Summend am Saft./

Leise Bewegung / Bebt in der Luft, / Reizende Regung, / Schläfender Duft. /

Mächtiger rühret / Bald sich ein Hauch, / Doch er verlieret / Gleich sich im Strauch. /

Aber zum Busen / Kehrt er zurück. / Helfet, ihr Musen, / Tragen das Glück!/

Saget, seit gestern / Was mir geschah? / Liebliche Schwestern, / Liebchen ist da!"

Das beschwingte kleine Lied besteht aus vielen (9!) Strophen mit jeweils vier zweihebigen Kurzzeilen; jede Strophe enthält einen kleinen Satz und schließt mit ihm: So besteht das Gedicht aus vielen kleinen Momentaufnahmen, die wie an einer einfachen Schnur aufgefädelt kleine natürliche Kostbarkeiten zu einer kunstgewerblichen Natursteinkette gereiht hat.

Das Lied beginnt mit der großen Erwartung an dieses kostbare aber noch unerwartete Natur-Geschenk: „Tage der Wonne, kommt ihr so bald?". Dann aber wird gleich die erste Kostbarkeit genannt: der sich ankündigende Frühling „schenkt", was im Winter so lange gefehlt hat: „Sonne, Hügel und Wald". Die zweite Kostbarkeit besteht im veränderten Fließen der Bächlein: verursacht von abschüssigen tauenden Wiesen oder vom noch tiefer liegenden Tal. All das aber ist nicht Erfüllung, sondern verheißungsvolles Versprechen: das Frühlingsblau des Himmels atmet „Frische", und die Frische ermuntert Fisch und Vogel, sie lässt unter dem zunehmenden Grün der noch stumpfen Wiesen treibende „Kraft" spüren, und diese „Kraft", zusammen mit dem ihr im Reimwort zugesellten „Saft", bewegt „leise" der Wind in der nächsten Strophe und verteilt Saft und Kraft in diesen fruchtbaren Frühlingstagen. Mit dieser Kostbarkeit des alles vermischenden Windes ist die lange Kette der ersten Frühlingswonnen fast vollendet: der glücklich Beschenkte ist überwältigt und bittet die Göttinnen der Kunst zu Hilfe, um diese „Glück" „tragen" und – verstehen zu können. „Saget, seit gestern, / Wie MIR geschah?" Und die Antwort lautet: das Glück dieser „Tage der Wonne", das Glück, das die „Musen" tragen helfen sollen, weil es für den Beschenkten allein zu groß ist, diese Glück heißt für ihn ganz einfach: „Liebchen ist da!"

Goethes Frühlingslied entstand 1801. Goethe war damals 52 Jahre alt und es steht unter der Rubrik „Zeit der Klassik". Glücklich das Land, in dem klassisch Musterhaftes so unaufgebrezelt, so einfach, leicht, lebendig und natürlich daherkommt!

Schon in den letzten vier Strophen hat Goethe spüren lassen, dass die neu erwachten Kostbarkeiten nicht nur die Naturwesen betreffen sondern auch das „Gemüt" des Menschen. Der Windhauch, der die Frühlingkräfte durchmischt und sich im Strauch „verlieret", kehrt – beglückend – in die Brust des Menschen zurück und macht ihn empfänglich für die Freude „Liebchen ist da"! Die Wonne frühlingshafter Erneuerung erfasst alles Lebendige.

Der Schweizer Autor Carl Alfons Meyer, an dessen „Offenbarungen erster Frühlingstage" wir uns ein wenig orientiert haben, weist darauf hin, dass der Zyklus der Jahreszeiten alles Lebendige durchziehe: so ist der atmende Mensch ein „Glied der Natur aber – und Meyer bemerkt das ausdrücklich – auch „die aufgebrochene Erde atmet!" und also ist mit der lebendigen Natur natürlich auch der lebendige Mensch spürbar einbezogen in das fruchtbare Werden des beginnenden Frühlings. Hermann Hesse hat das auch bemerkt, und das Insel-WINTER-Buch bringt sein Märzlied als Abschluss, der damit offenbar passend zum FRÜHLINGS-Buch überleitet:

Hermann Hesse: „März

An dem grün beflognen Hang / Ist schon Veilchenblau erklungen, / Nur den schwarzen Wald entlang / Liegt noch Schnee in zackigen Zungen. / Tropfen aber schmilzt um Tropfen hin, / Aufgesogen von der durstigen Erde, / Und am blassen Himmel oben ziehn / Lämmerwolken in beglänzter Herde. / Finkenruf verliebt schmilzt im Gesträuch: / Menschen, singt auch ihr und liebet euch!"

Das ganze Gedicht ist durchzogen vom Zusammenhang und von der gegenseitigen Bezogenheit aller lebendigen Einzelheiten: ein „grün beflogener Hang" hat das ihn Begrünende dadurch bekommen, dass es dem – irdischen – Hang von Oben an-„geflogen" worden ist; diesem – sichtbaren – Hang ist ein Hauch von – hörbarem – Veilchenblau „erklungen", NUR dem nächtlich schwarzen Wald entlang liegt NOCH irdisch-schwerer Schnee , aber dessen „zackige Zungen" nehmen nicht weitere Nahrung auf, die Zacken zeigen vielmehr, dass sie Reste eines Schwindens sind. Und auch diese zackigen Reste schmelzen hin, – aber sie vergehen nicht einfach, sondern sie stillen den Durst der Erde, die damit wieder ihre aus ihr wachsenden Keime bewässern wird. Im – österlichen – Bild der Lämmchenwolken kündigt sich sonnenwarm befruchtendes Frühlingslicht im blassen Himmel an; und auf dieses Zeichen hin erhebt sich – frühlingshaft „schmelzend" – der Gesang der liebesbereiten Finken: Damit münden all diese aufeinander bezogenen Einzelheiten der steigenden Jahreszeit in dem drängenden Aufruf des Menschen:

Mensch, mach doch mit, du darfst mitmachen in den Tagen der Wonne, die nun kommen, sing und liebe „du auch!"

Der anregende Schweizer hat noch ein kostbares märchenhaftes Motiv in seiner Beschreibung erster Frühlingstage:

Carl Alfons Meyer:

„Zu den schönsten Offenbarungen erster Frühlingstage gehören die lebenden Blumen, die Schmetterlinge. Letztes Jahr sahen wir schon am 4. März den ersten Zitronenfalter über ein Grab schweben; 1951 war es erst am 13. März, aber an diesem Tag flogen zur gleichen Stunde sieben der leuchtendgelben Falter im Kirchhof und zugleich auch noch ein Kleiner Fuchs und ein Kohlweißling. Alle schienen wie vom Herrgott neu bemalt; und doch waren es nicht etwa junge, eben aus Puppen kriechende Sommervögel, sondern solche des letzten Jahres, die den langen Winter in Starre verschliefen. … Ach, alle die wundervoll farbig für wenige Wochen Auferstehenden, wo weilen sie, was ahnen sie, bis der erste Föhntag ihre Hüllen sprengt…"

Auch die wiedererwachenden Schmetterlinge gehören zu den Offenbarungen des Frühlings, auch sie haben, wie neu bemalt, Teil am Auferstehen der Natur zu den Tagen der Wonne! Märchenhaft und unwirklich erscheinen sie nach dem Winter, den sie in Starre verschliefen. Ihr Geheimnis ist dabei umso tiefer, als sie – wohl durch ihre Fähigkeit zu den unwahrscheinlichsten Metamorphosen, einem Lieblingsmotiv Goethes – zum Symbol für die menschliche Seele wurden. Das Lexikon der Symbole vermerkt unter dem Stichwort „Schmetterling"; „Das Wunder der Verwandlung... hat den Menschen tief angerührt, ist ihm zum Gleichnis seiner eigenen seelischen Wandlung geworden, hat ihm die Hoffnung geschenkt, einst selbst ins Licht ewiger Lüfte zu steigen..." Derartiges klingt wohl an, wenn Carl Alfons Meyer sie jedes Jahr auf dem Friedhof sucht und – dort! – entdeckt.

Auch von Marie Luise Kaschnitz gibt es einen kleinen nachdenklichen Text über Schmetterlinge, abgedruckt in dem dtv Lesebuch „Viele schöne Tage", und wie der Anfang des kleinen Textes mit den heißen Sonnenstrahlen auf einem eisigen Untergrund der Luft bezeugt, dürfte sich auch diese Geschichte im ersten Frühling ereignet haben:

Marie Luise Kaschnitz: „Schmetterling auf meiner Hand

Ein Schmetterling ließ sich auf meine Hand nieder...Die Strahlen der Sonne waren heiß, der Untergrund der Luft eisig, der Falter flatterte ein Stückchen fort, suchte dann wieder die Hautwärme und blieb. Ich hatte alle Muße, ihn zu betrachten, die schwarzweiß geringelten, steif aufgereckten Fühler, die Flügel, die, nervös auf- und zugeklappt, bald ihren kühnen Umriß, bald ihre leuchtenden Farben zeigten. Ein Flammenkreis setzte auf dem vorderen Flügelpaar an, und rundete sich auf dem hinteren... Zwei kleine, lichtblaue Bögen scheinen der Malerei im letzten Augenblick aus heiterer Laune noch hinzugefügt..."

Auch hier also hat die Betrachterin den Eindruck, als habe der Gott das märchenhafte Wesen selbst – und in heiterer Laune – als individuell einmaliges Miniaturkunstwerk bemalt. Da der Schmetterling immer noch „blieb", konnte sie weitere Schönheiten entdecken, so einen

„Pelzflaum, der sich wie ein in der Mitte geteilter Bart rechts und links von der Mundöffnung herabzog..., ein anderer üppiger Pelzflaum,... schimmernd grünblau, aber wie von Goldpuder bestäubt. Der Eindruck des Flaumigen, Pelzigen war überraschend bei dem zarten Sommergeschöpf... Trotz dieser seltsamen Bekleidung hatte mein Gast eigentlich nichts Tierisches... Seine Erscheinung war rätselhaft, wie alles, was man von den anscheinend so richtungslos flatternden und in Wahrheit so ausdauernd und zielsicher über Erdteile und Meere reisenden Schmetterlinge weiß."

So ist auch dieser Schmetterling ein märchenhaft buntes geheimnisvolles Flattergeschöpf zwischen Himmel und Erde, wie vom Schöpfer in heiterer Laune geziert und in die Welt flattern gelassen, aber mit feinen Sensoren ausgestattet, sodass es zielsicher Welt und Meere „bereist" und, wenn es auch nichts Tierisches an sich hat, ist es doch in der Welt zu Hause und gehört – wie frisch bemalt – jedes Jahr zu den schönsten Offenbarungen erster Frühlingstage.

All das, das Himmlische UND das Irdische der Schmetterlinge findet sich, in seinen gemalten „Zeichen" verborgen, im Schmetterlingslied der Nelly Sachs.

Als „schönes Jenseits" steht Überirdisches auf den Flügeln der Schmetterlinge geschrieben, und Irdisches repräsentieren sie, weil sie geheimnisvoll „durch den Flammenkern der Erde" auf die Welt „gereicht" wurden; ihre Flügel sind mit losem, empfindlichem „Staub" (der Vergänglichkeit?) bemalt, und frühlingshafte Überwindung des winterlichen Todes tragen sie auf der leichten „Webe ihrer Flügel zu der Rose". All das findet sich auf den Schmetterlingen in geheimen „Zeichen" verborgen und zugleich auf der bemalten Webe ihrer Flügel offenbart. „Welch schönes Jenseits" ist in ihren „Staub gemalt.":

Nelly Sachs: aus Sternverdunkelung „Schmetterling

Welch schönes Jenseits / ist in deinen Staub gemalt. / Durch den Flammenkern der Erde, / durch ihre steinerne Schale, / wurdest du gereicht, / Abschiedswebe in der Vergänglichkeiten Maß. /

Schmetterling / aller Wesen gute Nacht! / Die Gewichte von Leben und Tod / senken sich mit deinen Flügeln /auf die Rose nieder / die mit dem heimwärts reifenden Licht welkt. /

Welch schönes Jenseits / ist in deinen Staub gemalt. / Welch Königszeichen / im Geheimnis der Luft."

„Omnia sol temperat purus et subtilis"
– April –

„Omnia sol temperat purus et subtilis" – alles erwärmt die Sonne rein und richtig –„novo mundo reserat faciem Aprilis" – dem April gibt sie damit das Gesicht einer neuen Welt – „rerum tanta novitas jubet nos gaudere" – und solch eine Rundum-Erneuerung will nichts anderes, als dass wir uns darüber freuen. So etwa lässt sich übersetzen, was der vierte Gesang von Orffs „Carmina burana" ausdrücklich zu Ehren des April frohlocken lässt: und zwar zu Ziehharmonika-Musik! Laut Google gibt es zu diesem vierten Frühlingssong der Carmina nämlich eine spezielle Notengebung für ein Akkordeonorchester. Das passt gut zu den Geburtswehen, die gerade im April den Frühling hervorbringen: Bei der Ziehharmonika werden die jubelnd hohen Harmonien wie bei Dudelsäcken aus einem eher quietschenden Zusammenpressen hervorgebracht, und müssen wie aus Geburtswehen erst zu jubilierendem Hochgesang befreit werden. Und vom Frühlingsjüngling, der – so heißt es – lachend in „Floras Schoß" liege, handelt denn auch inhaltlich der dritte Gesang der Carmina unter der Überschrift „Im Frühling". Kurzum: „Amor volat undique" – im Frühling fliegt die Liebe von überall her, und die ganze Welt wird fruchtbar, denn jeder wird durch die Lust an der Liebe gefangen: „captus est libidine".

Dahinter aber steht die lebendige und lebensspendende Gottheit SONNE, schon vor Beginn unserer Zeitrechnung von Echnaton, dem Pharaon Ägyptens, als Quelle allen Lebens gepriesen:

Aus Echnatons „Sonnengesang:

„Schön erscheinst du / im Horizonte des Himmels, / du lebendige Sonne, / die das Leben bestimmt! / …

Am Morgen bist du aufgegangen im Horizont / und leuchtest als Sonne am Tage; / du vertreibst die Finsternis und schenkst deine Strahlen. / ...

Deine Strahlen säugen alle Felder – / wenn du aufgehst, leben sie und wachsen für dich. ...

du schaffst Millionen von Gestalten aus dir allein / ...

Alle Augen sehen sich dir gegenüber, / wenn du als Sonne des Tages über dem Land bist / ...

du bist die Lebenszeit selbst, man lebt durch dich..."

Unter diesem großen Hinblick durch Jahrtausende hindurch beginnt das lebensspendende Werk der göttlichen Sonne alljährlich im frühlingshaften April wieder bescheiden und irdisch – mit dem Geruch nach getauter kotiger Erde und ersten Veilchen. Marlen Haushofer hat diese ersten Spuren der schaffenden Frühlingssonne im April festgehalten, um eine vergessliche Zwillingsschwester an das „große Ereignis" wieder aufblühender Veilchen zu erinnern, das beide als Kinder eigentlich unauslöschlich erlebt haben. Der Text findet sich in einem dtv-Lesebuch mit dem Titel „Viele schöne Tage", und so vielversprechend setzt er an:

Marlen Haushofer: aus „Für eine vergeßliche Zwillingsschwester

Heute morgen sind die Veilchen aufgeblüht. Schon gestern war ein ganz besonders schöner Tag. Eine leise, zitternde Erregung lag in der Luft, wie immer vor einem großen Ereignis...."

Die erzählende Schwester erinnert dann daran, dass an diesem Aprilmorgen das Schluchzen dreier Vögel zu hören war und dass „vor dem hohen Fenster der Frühling schlummerte". Sie, die inzwischen Erwachsene, musste ergriffen die Augen schließen, da sah sie:

„Zuerst verschwommen, dann immer klarer, das runde, großäu-
gige Gesicht eines fünfjährigen Mädchens. Dein vergessenes Kinder-
gesicht. Ich sah dich auf der alten Holztreppe sitzen. Die ersten Sonnenstrahlen nach einem langen, grauen Winter lassen das bräunli-
che Geländer aufleuchten, und du stehst und starrst verzückt in das
Wunder. Sie ist also wirklich wiedergekommen, die Sonne, die großen Leute haben nicht gelogen! Sie (also die Sonne!) nimmt eine
Handvoll goldener Stäubchen und wirft sie durch das Fenster auf
die Stiege, auch auf deinem Krauskopf bleiben sie hängen wie ein
zitternder Schleier…“

Die erzählende Schwester erinnert ihren Zwilling dann an vielerlei erste Frühlingsspuren:

„am Rand des Baches leuchtete es schon frisch und grün. Die
junge Brunnenkresse! Wir zupften die winzigen Blättchen ab und
zerbissen sie neugierig. Scharf schmeckten sie und ein wenig bit-
ter… Zu Ostern würden sie als grüne Rosette unter den halbierten
Eiern liegen und mit den gelben Dottern um die Wette leuchten.
…Später kletterten wir dann auf einen riesigen Stein, der hinter der
Scheune lag… Wir wollten sehen, ob das Moos auch schon grün und
saftig wuchs.…Noch drei Wochen … und es würde als sattgrüner
Polster in unseren Osternestern liegen. … An all diese Dinge willst
du dich nicht mehr erinnern, aber die Veilchen darfst du nicht vergessen haben. Dort, wo die Wiese in einem steilen Hang zum Bach
fällt und die Sonnenstrahlen am längsten liegen, blühten sie zuerst…Wenn man unter der großen Haselstaude mit den gelben
Würstchen spielte, trug der Wind ihren Duft in warmen kleinen
Wellen über die Wiese. …Du mußt unter den Haselstauden liegen
und nichts spüren als die Frühlingssonne auf deinem Gesicht und
das Moos unter deinen Händen. Dann öffnet sich die Erde und ihr
warmer Hauch steigt auf. Dein Herz beginnt schneller zu schlagen…“ Und dann endet die kleine Erinnerungsgeschichte von der
Aprilsonne und ihren ersten Blumenkindern mit dem Satz: „Das ist

der Veilchenduft, ich kann nicht glauben, daß du ihn vergessen hast."

Man sollte ihn auch in diesem Jahr nicht vergessen sondern einatmen und riechen, ebenso wie den warmen Geruch der wieder offenen Erde und das Wohlbehagen durch die Sonnenstrahlen genießen auf dem blassen Wintergesicht...

Unter der Aprilsonne erst wird es auch in diesem Jahr Ostern werden. Weil der scharf beobachtende Illustrator Tomi Ungerer kürzlich gestorben ist, wurde in der Bibliothek an seine Bücher erinnert – und darunter auch an ein unscheinbares Nebenwerk: In dem Diogenesband mit dem Titel „Das große Buch der kleinen Tiere" illustrierte er – offenbar ein wenig lustlos – ziemlich witzig geschriebene Geschichten von Bernhard Lassahn. Zu diesen „kleinen Tieren" gehören auch Hasen, und Lassahn schrieb eine hasenfüssige Liebesgeschichte à la Romeo und Julia für sie, in der (von Ungerer leider nur andeutungsweise illustrierte) Naturhasen die EINE Familie und (ebenfalls zeichnerisch kaum dargestellt) verfeinerte Osterhäslein die scheinbar bessere ANDERE Familie repräsentieren. In der mümmelnden Bunnygeschichte könnte aber Rammlerniveau mit Playboyeffekten stecken, die einem Tomy Ungerer eigentlich mehr Inspiration abverlangt haben sollten. Hier ist ihre Nacherzählung, und so fängt die Geschichte an:

Bernhard Lassahn: „Was ist Liebe" (aus: Das große Buch der kleinen Tiere, Diogenes 1989)

„Allerdings ist das jetzt eine Liebesgeschichte. Wollt ihr die trotzdem hören? Wißt ihr überhaupt, wie das so ist mit der Liebe? Jan, der Hase, nämlich von der linken Seite der Eisenbahnlinie, weiß das nicht so genau, obwohl er gerade verliebt ist, und zwar bis über beide Ohren, und wenn ihr euch vorstellt, was Hasen für Ohren haben – solche Dinger! – dann könnt ihr euch ja denken...Jedenfalls ist er ganz schön verknallt.

Es ist auch eine Gute-Nacht-Geschichte. Man muß nur wissen, daß Hasen tagsüber schlafen, also eine Guten-Morgen-Geschichte. Sie handelt davon, was sich verliebte Hasen erzählen..."

Sie bereden, warum ihr gemeinsamer Liebesschlaf nicht soo schön ist, wie er sein könnte: die beiden müssen sich heimlich im Grenzgebiet ihrer Familiengebiete treffen, denn ihre Sippen sind total verfeindet:

„…die Sippe von Jan… auf der linken Seite der Bahn…, ist eine Sippe von einfachen, ehrlichen Burschen, aufrechten Hasen; sie arbeiten hart im Feld für ihr bißchen Futter und leben ein wackeres … Hasenleben… Die Hasen auf der anderen Seite … stecken sich Blumen hinter die Ohren, Osterglocken, Narzissen, binden sich Schleifchen um; und wenn Ostern ist, hoppeln sie zu den Vorgärten,… legen bemalte Ostereier von einem Nest ins andere, verstecken Weinbrandbohnen… Sie winken possierlich in die Kamera, wackeln ein bißchen mit dem Po … und zum Schluß … sammeln (sie) Futter ein, das fürs ganze Jahr reicht…Nun könnt ihr euch vorstellen, was die Hasen auf der linken Seite davon halten. Nichts, gar nichts. Hasenunwürdig finden sie das…Die Bunnies denken auch nichts Gutes von den Hasen auf der linken Seite: Mümmelhasen, die langsam ihre Löffel abgeben können, die kannste doch vergessen, die Grufties dort drüben. …Ja, die Sippen sind stark verkracht…Da ist es überhaupt ein Wunder, daß Jan und Mollie sich überhaupt kennenlernten."

Das geschah, weil beide Einzelhasen die Eigenart ihrer Sippe übertrieben fanden. Jan, der Naturhase, fand das Sexy-Bunnymädchen „wunderbar", und daher sagte er in seiner ungeschminkten Naturburschenart: „Nun komm schon endlich. Wir legen uns drüben in eine Kuhle und schlafen zusammen ein." Dem Bunnymädchen ging das feine Getue IHRER Sippschaft längst auf die Nerven, der rauhe Naturburschenton schien ihr viel viriler, und schon bei der zweiten Anfrage willigte sie ein und wurde seine heimliche Häsin, Romeo und Julia hatten sich gefunden. Da diese „Gute Nacht-Liebes-Geschichte" ein gutes Ende verlangt, ist sie damit eigentlich schon aus, sie mümmelt undramatisch schlaf- und liebestrunken noch ein wenig herum, um sich dann pointenlos im Sand oder grünenden Ostergras zu verlaufen.

Die niedliche Osterhasenwelt wird in dieser Geschichte aufs herzigste erfüllt aber zugleich „persifliert", also „auf geistreiche Art verspottet".: „Weißt du", sagt Mollie zum Jan „ihr da drüben denkt, uns wird das Futter nur so hingestellt, bitteschön, da habt ihr den Salat. Aber weißte, bei uns gibt es schon Hasen, die sich von Weinbrandbohnen ernähren und die meiste Zeit betüttelt sind…und wenn ich dann so ein bißchen mit dem Po wackel und Männchen mache, dann denke ich dabei nur ans Fressen" und auch die Naturhasenwelt kriegt ihr Fett ab: „das Hasenleben ist ja so mühsam, und die Alten sind so streng: Immer wenn ich mal die Ohren hängen lassen will und ausruhen, heißt es gleich: los, weiter, halt die Ohren steif, sonst gibt's was hinter die Löffel. Laßt euch bloß nicht verweichlichen wie die Bunnies auf der anderen Seite…"

Die idyllische Hasenwelt ist keine heile Welt einer freien Liebe oder einer hasenwürdigen Arbeit sondern verlangt gesellschaftspolitisches Engagement zur Lösung ihrer Sorgen und Probleme. Das alles ist im österlichen Hasenkostüm geistreich verpackt und kinderleicht zu verstehen, aber mit dem wirklichen Ostergeschehen in Natur oder gar Kirche hat die kleine Gute-Nachtgeschichte natürlich nichts um die Ohren – es sei denn den kleinen Hasen-Haken, dass die Gute-Nachtgeschichte bei tagschlafenden Hasen zugleich eine Guten-Morgen-Geschichte ist. Derartiges Zusammenfallen von Gegensätzen nämlich kennzeichnet ein wirkliches Ostergedicht aus der Feder des romantisch frommen Naturdichters:

Joseph von Eichendorff: „Ostern

Vom Münster Trauerglocken klingen, / Vom Tal ein Jauchzen
schallt herauf. / Zur Ruh sie dort dem Toten singen, / Die Lerchen
jubeln: Wache auf! / Mit Erde sie ihn still bedecken, / Das Grün aus
allen Gräbern bricht, / Die Ströme hell durchs Land sich strecken, /
Der Wald ernst wie in Träumen spricht, / Und bei den Klängen,
Jauchzen, Trauern, / So weit ins Land man schauen mag, / Es ist ein
tiefes Frühlingsschauern / Als wie ein Auferstehungstag."

Das wunderbare Gedicht behandelt das österliche Geschehen als
ein Geheimnis, das die Natur selber in den „Frühlingsschauern" der
Osterzeit offenbart: die „tiefen" und dunklen „Schauer" im Frühling offenbaren sich als lebendiges Geschehen einer „Auferstehung"! Deshalb passt zu den Trauerglocken des gestorbenen Gottes
das Jauchzen aus dem Tal! Deshalb gehört zu den Trauergesängen
das „Wache auf!"-Jubeln der Lerchen. Deshalb merken die um den
Gott Klagenden, wie aus allen Gräbern - das Grün bricht. Und deshalb zeigt sich, während der „dunkle Wald" noch Ernstes „spricht",
dass „helle" Ströme sich erweiternd ins Land ausstrecken: und so
vermählen die Frühlings-„Klänge" der Osterzeit Trauern und Jauchzen und offenbaren, dass im scheinbar endgültigen Sterben junge,
grüne Auferstehung beginnt.

Das ist uralte Menschheitserfahrung, geheime Offenbarung
schon aus Zeiten des Mythos von Isis und Osiris oder von Tod und
Auferstehung des göttlichen Adonis. Thomas Mann handelt davon
in den Josephsromanen – ja, er erzählt die Geschichte von Joseph
nach diesem mythologischen Muster: Wie der göttlich Schöne (Adonis) muss Joseph als ein Totgeglaubter in die dunkle Grube der Unterwelt fallen, um daraus als ein lebendig Auferstandener desto höher zu wachsen. Hinter diesem mythologischen Muster aber steht
das natürliche Geheimnis des Samenkorns, das im Frühling unter
die Erde kommt und begraben wird, um später umso reicher seine

Lebendigkeit zu erweisen. Der Erzähler von Josephs Geschichten reflektiert im Kapitel „Joseph kennt seine Tränen" auch darüber:

Aus Thomas Mann: „Joseph und seine Brüder

... Ein kleines Jahr lief in sich selbst zurück...Es war der Abgrund, in den der Wahrhafte Sohn steigt..., das Reich der Toten. Durch die Brunnengrube war er ins Unterland, ins Land der Todesstarre gelangt; nun ging es dort noch ...(tiefer) hinab, Tage des Dunkelmondes kamen..., Groß-Tage, die Jahre sein würden, und während derer die Unterwelt Macht hatte über den Schönen. Er nahm ab und starb; nach dreien Tagen aber würde er wieder emporwachsen. In den Brunnen des Abgrunds hinab sank Attar-Tammuz als Abendstern; aber als Morgenstern, das war gewiß, würde er wieder daraus erstehen..."

Ausdrücklich aber bemerkt Thomas Mann, WANN innerhalb des sinnbildlichen „kleinen Jahres" der Gang ins Totenreich fällig ist, nämlich zur Zeit der Aussaat der Samen:

„...Ein kleines Jahr lief in sich selbst zurück... Zeit der Aussaat war. Zeit von Hacke und Pflug, der Aufriß des Bodens: ... Wenn Joseph sich aufhob von seiner Matte..., so sah er, wie die Bauern auf dem Fruchtland ... das ernste, gefährliche, von Vorsichts- und Sühne-Maßregeln umgebene Geschäft des Umbrechens und Säens besorgten, – ein Geschäft der Trauer, denn Saatzeit ist Trauerzeit, Zeit der Bestattung des Korngottes, Usirs Bestattung ins Finstere und nur von ferne Hoffnungsvolle..."

In unseren österlichen Frühlingsriten ist die Zeit zwischen der Bestattung des Gottes und dem Fest seiner Auferstehung auf die symbolischen drei Tage festgelegt: von Karfreitag bis Ostersonntag. Trauer und Jubel fallen in dieser göttlichen Geschichte fast zusammen, und sie gehören zusammen – ein geheimer Sachverhalt, den ein Eingeweihter wie Eichendorff in seinem tiefsinnigen Ostergedicht erspürt und verdichtet hat. Und an dem noch immer wirksamen Hintergrund dieser althergebrachten Traditionen mag es liegen, dass ein gewiefter Kinderbuchautor aus Hamburg in seiner dekorativ ironischen Ostergeschichte Wert darauf legt, dass eine Gute-Nachtgeschichte in diesem Motivbereich zugleich eine Guten-Morgengeschichte ist!

Das Geschehen im Frühling zeigt, dass Gegensätze wie Tod und Leben zusammen gehören und eine Einheit bilden, und niemand weiß zu sagen, was davon zuerst da war: der Tod oder das Leben, der Abend oder der Morgen, oder – wie in Eichendorffs Ostergedicht – die Totenklage oder die neu erwachte Lebensfreude.

Frühling vermittelt die Erfahrung der Einheit des Gegensätzlichen, zum Frühlingsgeschehen gehört – amor volat undique – die Erfahrung der Liebe, und Liebe wiederum macht „himmelhoch Jauchzen" und „zu Tode betrübt" und bewirkt ihrerseits spannungsvolle Einheit sich eigentlich krass widersprechender Gefühle. Heinrich Heine heißt der besondere Fachmann in diesem Genre, er weiß mehrere Lieder davon zu singen. Hier ist zunächst sein allgemeines Lied vom „Frühling" aus den „Neuen Gedichten": das spiegelt im Zorn einer zärtlichen Schäferin die Enttäuschung darüber, dass eine ersehnte Liebe zu einem feschen „Reuter" nicht GANZ zum Leben hat erweckt werden können:

Heinrich Heine: „Frühling

Die Wellen blinken und fließen dahin – / Es liebt sich so lieblich im Lenze! / Am Flusse sitzt die Schäferin / Und windet die zärtlichsten Kränze. /

Das knospet und quillt, mit duftender Lust – / Es liebt sich so lieblich im Lenze! – / Die Schäferin seufzt aus tiefer Brust: / Wem geb ich meine Kränze? /

Ein Reuter reutet den Fluß entlang, / Er grüßt so blühenden Mutes! / Die Schäferin schaut ihm nach so bang, / Fern flattert die Feder des Hutes. /

Sie weint und wirft in den gleitenden Fluß / Die schönen Blumenkränze. / Die Nachtigall singt von Liebe und Kuß – / Es liebt sich so lieblich im Lenze!" /

Liebe und Zorn, Sehnsucht und Enttäuschung, Zärtlichkeit und Gewalt zerreißen vereint die liebende Seele der Schäferin, die zuvor ziellos, aber voller Geduld und Hoffnung „die zärtlichsten Kränze" gewunden hatte!

Noch stärkere Wunden schlägt die schmerzende Liebe in einem anderen Heine-Gedicht, und sie schlägt diese Wunden in Seele und Leib (!) eines Märchenprinzen, dem es mit einem gefühlvollen Kuss gelingt, eine geheimnisvoll versteinerte Sphinx wieder zum Leben und zur Liebe zu erwecken:

Heinrich Heine: „Die Liebe

Das ist der alte Märchenwald! / Es duftet die Lindenblüte! / Der wunderbare Mondenglanz / Bezaubert mein Gemüte. /

Ich ging fürbaß, und wie ich ging, / Erklang es in der Höhe. / Das ist die Nachtigall, sie singt / Von Lieb und Liebeswehe. /

Sie singt von Lieb und Liebesweh, / Von Tränen und von Lachen, / Sie jubelt so traurig, sie schluchzet so froh, / Vergessene Träume erwachen. – /

Ich ging fürbaß, und wie ich ging, / Da sah ich vor mir liegen, / Auf freiem Platz, ein großes Schloß, / Die Giebel hoch aufstiegen. /

Verschlossene Fenster, überall / Ein Schweigen und ein Trauern; / Es schien, als wohne der stille Tod / In diesen öden Mauern. /

Dort vor dem Tor lag eine Sphinx, / Ein Zwitter von Schrecken und Lüsten, / Der Leib und die Tatzen wie ein Löw, / Ein Weib an Haupt und Brüsten. /

Ein schönes Weib! Der weiße Blick, / Er sprach von wildem Begehren; / Die stummen Lippen wölbten sich / Und lächelten stilles Gewähren. /

Die Nachtigall, sie sang so süß – / Ich konnt nicht widerstehen – / Und als ich küßte das holde Gesicht, / Da wars um mich geschehen. /

Lebendig ward das Marmorbild, / Der Stein begann zu ächzen – / Sie trank meiner Küsse lodernde Glut / Mit Dürsten und mit Lechzen. /

Sie trank mir fast den Odem aus – / Und endlich, wollustheischend, / Umschlang sie mich, meinen armen Leib / Mit den Löwentatzen zerfleischend. /

Entzückende Marter und wonniges Weh! / Der Schmerz wie die Lust unermeßlich! / Derweilen des Mundes Kuß mich beglückt, / Verwunden die Tatzen mich gräßlich. /

Die Nachtigall sang: »O schöne Sphinx! / O Liebe, was soll es bedeuten, / Daß du vermischest mit Todesqual / All deine Seligkeiten? /

O schöne Sphinx! O löse mir / Das Rätsel, das wunderbare! / Ich hab darüber nachgedacht / Schon manche tausend Jahre.«"

Entzückende Marter und wonniges Weh – die über-menschlich gewährte Liebe mit der Halbgöttin lässt die Marter zur Wonne werden und Seligkeit zur Todesqual. Im wonnigen Weh dieser Begegnung zwischen Halbgöttin und Märchenprinz erwacht die Liebe wie in Geburtswehen aus einem tiefen Winterschlaf, und weniger tapfere Prinzen hätten ihre Liebeskränze lieber in den Fluss geworfen als sie sich so blutig zerfleddern zu lassen. Insgesamt aber begrüßen die Menschen die neue Sonne im erwachenden Frühling.

Stefan George: „Ein Sonnenaufgang

Vor kurzem entzündete sich / auf dunklem ofen des himmels /
Nach kalter winternacht / Die neue sonne. / Nun zeigt sie sich im
ersten leuchten / Sie schimmert still. / Mit den wolken die sie um-
flattern / Die ihren glanz widerspiegeln / Erhellet sie spärlich / Die
morgendämmerung. / Schnell verstärkt sie sich / Und die farbigen
vorhänge / Die ihr zu nah kommen / Erfasst und sengt sie. / Darauf
erfüllt sich / Die ganze luft mit grauem / Undurchdringlichem
rauch. / Es wächst und wächst wärme und licht / Bis endlich alles
– wolken und nebel / In unendlicher feuersbrunst / Lohend ver-
schlungen werden / Und ohne fremde nahrung / Durch eigene
kraft allein / Die flammende scheibe strahlt.“

Die „neue Sonne“ entzündet sich, „wächst und wächst“ bis aus
eigener Kraft die „flammende Scheibe“ erstrahlt. So beginnt und erfüllt sich jedes Jahr aufs Neue das Wunder des Frühlings. In einem
kostbaren Fotobuch zu Bildern von Tautropfen des Fotografenpaa-
res Miček steht eine kleine Bemerkung von Gotthold E. Lessing, die
auch auf das Aufgehen der neuen Sonne passt: „Der Wunder höchstes ist, daß uns die wahren / echten Wunder / so alltäglich werden
können.“

„Frühling…– da ist keine Stelle, die nicht trüge den Ton der Verkündigung"
– Mai –

Was macht, alle Jahre wieder, rührend und ergreifend den Frühling aus? Rilke nennt in seiner siebenten Duineser Elegie als Prinzip des Frühlings den Ton der „Verkündigung": in ihm sei „keine Stelle", die diesen „Ton" NICHT trüge. „Verkündet" werde im Frühling allerorts ein „erträumter Tempel der Zukunft", und er wählt als Beispiel dafür den werbenden Gesang eines Vogels, den die „steigende" Jahreszeit in unerahnte Höhen solch einer „erträumten Zukunft" (hin-)„auf-hebt":

Rilke: aus „die siebente Elegie":

„…wie der Vogel, / wenn ihn die Jahreszeit aufhebt, die steigende, beinahe vergessend, / daß er ein kümmerndes Tier und nicht nur ein einzelnes Herz sei, / das sie ins Heitere wirft, in die innigen Himmel…."

Dass dieser werbende Vogel dabei „ins Heitere" geworfen wird, also in die Richtung eines „geträumten" Tempels der Zukunft, also in die „innig" erfahrbare Himmelshöhe erfüllter Liebe – dafür sorgt der Frühling insofern, als dem sehnsüchtigen Gesang des Werbenden eine horchende und er-hörende Antwort in der Vogelfrau allmählich entgegen reift. Der werbende Vogelmann singt sein in ihm erwachtes Frühlingslied so ergreifend,

„daß, noch unsichtbar, / dich die Freundin erführ, die stille, in der eine Antwort / langsam erwacht und über dem Hören sich anwärmt, – / deinem erkühnten Gefühl die erglühte Gefühlin…"

Das den Vogelmann beglückende allmähliche Erglühen der Vogelfrau ist so nachvollziehbar schön in Worte gefasst, dass man jedes davon nachkosten sollte, damit einem nichts von diesen erwachenden Frühlingsgefühlen entgeht: Der werbende Vogel singt, damit die künftige Freundin von ihm „erführe", also bemerken soll, dass es ihn, den Werber um sie, gibt. Diese erst zu gewinnende Freundin singt also nicht gleich mit, sondern ist zunächst „still", denn sie hört zu; im Zuhören erfährt sie sein Werben und dass sein Lied IHR gilt, das merkt sie daran, dass ihr im Zuhören die passende Antwort auf sein Lied einfällt! So erwärmt der werbende Gesang die auf-horchende Vogelfrau, mitreißend durchglüht er sie und so kann die Gemeinte – und nur SIE – auf das im Singen „erkühnte Gefühl" des Werbenden eingehen und wird – zu ihm zurücksingend – zu seiner „erglühten Gefühlin". Damit sind beide durch die „Jahreszeit" „auf-" und in eine ungeahnte Höhe gehoben worden, in die „innigen Himmel" ihrer glücklichen Verbindung im „Tempel der Zukunft"! Und so trägt der Frühling den „Ton der Verkündigung" in die bejahend aufgenommene Zeit des neu beginnenden Lebens und Liebens. Nicht nur die Vögel, die ganze Welt mit ihren Pflanzen und Tieren und Menschen fühlt sich nun „ins Heitere" geworfen, hinein in die „innigen Himmel"!

Wirklich die ganze Welt, also wirklich: alle? Natürlich nicht; grade, wenn alle Welt solche Hoffnungen hegt, fühlen sich die vielen betrogen, bei denen etwas dabei schief ging. Aber auch, wenn die verkündete Verheißung nur länger dauert als bis zum nächsten oder übernächsten Mai, kann der Mensch verzagen an der Wahrheit solcher Verkündigung – für ihn:

Ludwig Christoph Heinrich Hölty (1748-1776): „Die Mainacht

Wenn der silberne Mond durch die Gesträuche blinkt, / Und sein schlummerndes Licht über den Rasen streut, / Und die Nachtigall flötet, / Wandl' ich traurig von Busch zu Busch. /

Selig preis ich dich dann, flötende Nachtigall, / Weil dein Weibchen mit dir wohnet in einem Nest, / Ihrem singenden Gatten / Tausend trauliche Küsse gibt. /

Überhüllet von Laub, girret ein Taubenpaar / Sein Entzücken mir vor; aber ich wende mich, / Suche dunklere Schatten, / Und die einsame Träne rinnt. /

Wann, o lächelndes Bild, welches wie Morgenrot / Durch die Seele mir strahlt, find ich auf Erden dich? / Und die einsame Träne / Bebt mir heißer die Wang herab."

Der herbe Trauergesang Höltys ist ohne verbindende und verbindliche Reime; die ungleich langen Verse sind zu vier asklepiadeischen Odenstrophen gebündelt, und deren Rhythmus ist wie das Auffliegen eines Vogels, das nicht gelingt: Aufschwingend zu langem Flug heben die Strophen in den beiden ersten zwölfsilbig langen Zeilen an, die beiden letzten, bloß siebensilbigen Strophen-Zeilen aber enden jeweils wie in einem kurzen Sturzflug. Dabei sind Höltys Beobachtungen an den Vögeln ganz ähnlich wie die Rilkes: der Nachtigallmann flötet, weil er seine Nachtigallin erkannt und heimgeholt hat, und das Taubenpaar girrt sein Entzücken über das geteilte Nest. Er, der junge Menschenmann, spürt in der Maiennacht sehnsüchtig ein ähnliches Verlangen – mit dem einzigen Ergebnis, dass die einsame Träne rinnt. Verzweifelt fragt er sich: „wann, o lächelndes Bild" MEINER Partnerin, „welches wie Morgenrot / Durch die Seele mir strahlt, find ich auf Erden dich?" Er weiß, dass eine „erglühende Gefühlin" auf seinen werbenden Gesang zu antworten bestimmt ist. Dass es so ist, spürt er wie Morgenrot in seiner Seele, aber wann auf Erden wird er sie endlich finden? Natürlich braucht das lyrische Ich des Gedichts „Mainacht" nichts zu tun haben mit der Biographie des Verfassers. Wenn doch, ist die Frage dieses Ichs dringend und die Antwort der Wirklichkeit tragisch: Hölty schrieb das Gedicht mit 27 Jahren, ein Jahr später starb er – jung und unbeweibt – und das macht sein Gedicht noch trauriger und dessen Leser nachdenklich: gibt es Vorahnungen?

Frühling – Verkündigung einer Zukunft im Heiteren inniger Himmel – wer da meint, natürlich gelte dergleichen Hoffnung nur für Junge – der wird von Heine eines Besseren belehrt. 1851, fünf Jahre vor seinem Tod und bereits von seiner „Matratzengruft" aus schrieb er – in der Tat „un-jung und nicht mehr ganz gesund...", noch als „Abgekühlter" ein werbendes Liebeslied, das wohl tatsächlich von einer „erglühten Gefühlin" gehört und erhört wurde:

Heinrich Heine: „Der Abgekühlte

Und ist man tot, so muss man lang / Im Grabe liegen; ich bin bang, / Ja, ich bin bang, das Auferstehen / Wird nicht so schnell vonstatten gehen. /

Noch einmal, eh mein Lebenslicht / Erlöschet, eh mein Herze bricht, / Noch einmal möcht ich vor dem Sterben / Um Frauengunst beseligt werben. /

Und eine Blonde müßt es sein, / Mit Augen sanft wie Mondenschein – / Denn schlecht bekommen mir am Ende / Die wild brünetten Sonnenbrände. /

Das junge Volk voll Lebenskraft / Will den Tumult der Leidenschaft, / Das ist ein Rasen, Schwören, Poltern / Und wechselseit'ges Seelenfoltern! /

Unjung und nicht mehr ganz gesund, / Wie ich es bin zu dieser Stund, / Möcht ich noch einmal lieben, schwärmen, / Und glücklich sein – doch ohne Lärmen."

So ist die Maienzeit eine Zeit allgemein hoffnungsvoller Verkündigung liebender Hoch-Zeit, die aber abzustürzen droht in die Tiefen unstillbar ewiger Sehnsucht. Man weiß nicht, wie jung Christine Lavant war, als sie IHR Gedicht über die „arge" Maienzeit schrieb, aber offensichtlich war sie früh genötigt, in der Maien-Zeit der Liebe

„Nothelfer" zu bemühen, die die Maienzeit offenbar in Form von Heilkräutern heranwachsen lässt, damit naturkundige Liebende der „argen" Zeit nicht schutzlos ausgeliefert sind. Die katholische Kirche kennt 14 – also zwei mal sieben – „Nothelfer", laut Google sind das lauter ehrwürdige Heilige aus dem frühen Christentum. Das Gedicht scheint mit zweien auszukommen, dem „Apostel" „Himmelschlüssel" und dem bloß kleinen Propheten „Männertreu". Deren Einzelnamen verraten, dass es sich um heilsame Kräuter der Maienzeit handelt, denen aber zwielichtige Schädlinge entgegen wirken, sodass die Liebende sich in einem fantastischen Gewirr befindet von helfenden und schädlichen Kräften, von nothelfenden und magisch verhexten Dingen, die neben den Heilkräutern wie giftige Pilze aus der Maienerde wachsen. So verliert sie den Überblick in der verrückten Maienzeit der Liebe, und übrig bleibt nur das sichere Wuchern der Blume: „Vergiß-Dein-Nicht." Auch das ist eine Frühlingsblume, die im Mai ins Kraut schießt, und dabei offenbar zwielichtige Metamorphosen erfährt…

Christine Lavant:

„Der Apostel Himmelschlüssel / das Prophetlein Männertreue, / beide rieten mir zu flüchten / unters Dach der Sterbestunde, / noch bevor die Bocksbartsterne / in die Wiesen niederkämen. / Doch ich hoffte voller Gleichmut / auf die braunen Teufelsschirme, / auf die roten Klebe-Nelken / und den blauen Hosenknopf. / Alle hatten mir geholfen / oft durch arge Maizeit kommen / ohne Hirn- und Herz-Erweichung / und nie ganz und gar verrückt. / Doch da kam der Südwindregen, / spannte ab die Teufelsschirme, / leckte ab die Klebe-Nelken, / bleichte aus den Hosenknopf / und entmächtigte so tückisch / alle meine Notzeit-Helfer. / Hätt ich jetzt den Himmelschlüssel, / hätt ich jetzt die Männertreue! / O wie würde ich gehorchen / und mit beiden überwillig / in die Sterbestunde flüchten / weg aus dieser ganz verrückten / Maizeit voll Vergiß-Dein-Nicht."

In der „argen" Maienzeit ist die ganze Welt dieses weiblichen Ich „verrückt", denn wieder – wie offenbar schon in früheren Zeiten im Mai – voll von der alles andere überwuchernder Sehnsuchtsblume „Vergiß-DEIN-Nicht". In früheren derartigen Situationen hatten ihr der Apostel „Himmelschlüssel" und der kleine Prophet „Männertreue" geraten, sich einfach unters „Dach der Sterbestunde" zu flüchten, – vielleicht weil dann der Nothelfer-Apostel seinen Himmelschlüssel anwenden und ihr den Himmel aufschließen könnte! Eile war geboten, so verrät das Gedicht, weil das Ich offenbar fliehen sollte, ehe teuflische Bocksbartsterne sich in den Wiesen vermehren würden. Die Verliebte hoffte auf abergläubischen Liebeszauber, einen blauen Knopf und Klebe-Nelken, die festhalten, was entkommen will. Aber ungünstige Winde „leckten" das Klebende von den Nelken ab und der Knopf scheint nicht fest gehalten und seine treublaue Farbe verloren zu haben. So bricht das ganze Nothelferwesen zusammen und das Ich bereut, dass es Himmelschlüssel und Männertreu nicht beizeiten unterm Dach der Sterbestunde genützt habe: ohne „Himmelschlüssel" und in verlorener Männertreu bleibt das Ich dem „argen" Mai und dem verrückten „Vergiß-Dein-Nicht" ausgesetzt. Mit dieser Veränderung im Namen offenbart das in der Liebeslyrik vielzitierte Blümchen Vergißmeinnicht einen Januskopf: „vergißmeinnicht" – das klingt wie nach klassischer Liebeswerbung, und sogar Rilkes elegischer Vogelmann könnte seinem Werbegesang die Wörtlein „vergiß-mein-nicht!" unterlegen und damit die Himmel seliger Liebe beschwören. Im Maienlied der Christine Lavant aber vertauscht das hellblaue Blümchen „mein" und „dein" wie die Liebe selbst es oft tut. Aus der werbenden Bitte "vergiß-mein-nicht" wird der sehnsüchtige Schrei (ich)„vergiß DEIN nicht" und damit wechselt das Blümchen über ins leidende Fach ewig ungestillter Sehnsucht und das Ich kann nichts anderes mehr denken und fühlen als „ vergißDeinnicht". Alle Jahre wieder singt die Maienzeit solche Seligkeit und solches Sehnsuchtsleid. Brentano hat so ein Lied einer Spinnerin abgelauscht, und Ulla Hahn, die es zum

Auswendig-sagen abdruckte, nannte es „ein Wunder an Wohlklang".

Clemens von Brentano: „Der Spinnerin Nachtlied

Es sang vor langen Jahren / Wohl auch die Nachtigall, / Das war wohl süßer Schall, / Da wir zusammen waren. /

Ich sing und kann nicht weinen / Und spinne so allein / Den Faden klar und rein, / Solang der Mond wird scheinen. /

Als wir zusammen waren, / Da sang die Nachtigall; / Nun mahnet mich ihr Schall, / Daß du von mir gefahren. /

So oft der Mond mag scheinen, / Denk ich wohl dein allein, / Mein Herz ist klar und rein, / Gott wolle uns vereinen. /

Seit du von mir gefahren, / Singt stets die Nachtigall / Ich denk bei ihrem Schall, / Wie wir zusammen waren. /

Gott wolle uns vereinen, / Hier spinn ich so allein, / Der Mond scheint klar und rein, / Ich sing und möchte weinen."

Das allnächtliche Lied der Spinnerin hat viele Wiederholungen und Neueinsätze und umkreist süße Vergangenheit und sehnsüchtige Gegenwart. Immer wieder erinnert das Lied der Nachtigall die Verlassene: „Das war wohl süßer Schall, Da wir zusammen waren", und die Sehnsucht danach macht sie singen oder weinen. Dennoch aber möchte sie ihre Liebe nicht aufgeben, sie MEINT IHN, und keinen anderen, das kann sie nie bereuen: „So oft der Mond mag scheinen, / Denk ich wohl dein allein." Lieben ist schön, auch noch für Sehn-Süchtige und dabei Allein-Gelassene.

Goethe hat dieses Thema in seinem Trauerspiel „Egmont" verarbeitet: Klärchen, das kleine Bürgermädchen, ist die Geliebte des Grafen Egmont geworden; die Mutter rät ihr, in einer Vernunftheirat „unterzukriechen", aber Klärchen hat nur ihre große Liebe im Sinn und – singt über deren Freud und Leid:

Johann Wolfgang Goethe: aus Egmont, 3. Akt

„Freudvoll / Und leidvoll, / Gedankenvoll sein, / Hangen / Und bangen / In schwebender Pein, / Himmelhoch jauchzend, / Zum Tode betrübt; / Glücklich allein / Ist die Seele, die liebt."

Frau von Stein scheint Egmont, dem Grafen, die Verführung Klärchens übel genommen zu haben, Goethe meinte eher, die Frau von Stein vermisse an der Figur von Klärchen „eine Nuance zwischen Dirne und Göttin", aber das macht die Figur erst recht zu einer Kennerin in Sachen „Liebe". Da aber ist die Aussage deutlich: Liebe ist zugleich freudvoll und leidvoll, sie lässt einen jauchzen und zugleich betrübt sein, aber dennoch und über den Zwiespalt hinaus ist nur die liebende Seele – „glücklich!" Und so besingen beglückte und leidende, gestillte und sehn-süchtige Menschen im Mai die neu erstehende Lebenskraft der Liebe, den werbenden Gesang der Vögel und die wiedererblühten Blumen in Gärten und Wiesen.

Maxim Gorki meint, noch schöner als ein Gedicht über Blumenwiesen sei in der Frühlingszeit das Lied vom Anfang aller Wesen in der Welt, und er denkt dabei – an den Muttertag. Sein „allerschönstes" Lied steht in einem Büchlein mit dem nicht gerade realistischen Titel: „Jeder Tag ist Muttertag" und es handelt von der allerersten Liebe des Menschen, der dankbaren Liebe zu seiner Mutter:

Maxim Gorki: „Das allerschönste Lied

Was ist schöner als ein Lied von Blumen und Sternen? / Stets sagt jeder: Ein Liebeslied. / Was ist schöner, als im Mai die helle Mittagssonne? / Der Verliebte sagt: Die Augen meiner Liebsten. / Und schön ist die Mittagssonne im hellen Mai, / ich weiß. / Schöner als alle Blumen sind die Augen / meiner Liebsten, ich weiß! / Und ihr Lächeln liebkost mehr als die Sonne, / ich weiß! /

Noch aber hat man nicht gesungen / das allerschönste Lied, / das Lied vom Anfang aller in der Welt, / das Lied vom Herzen der Welt,

/ von dem Zauberherzen / einer, die jeder von uns Menschen / seine Mutter nennt!"

Auch wenn die Feier des Muttertags in der Nazizeit missbraucht worden ist, die Lieder von der Mutterliebe singen tatsächlich vom Anfang aller Menschen und von ihrer ersten Liebe in der Welt. Dichter und Dichterinnen wohl aller Generationen seither haben es ihren Müttern auf ihre Art gesungen.

Kurt Tucholsky preist vier ausgiebige Strophen lang „Mutterns Hände

Hast uns Stulln jeschnitten / und Kaffee jekocht / un deTöpe rübajeschohm – un jewischt und jenäht / un jemacht und jedreht …/ alles mit deine Hände…"

Bert Brecht dankt ganz ähnlich in seinem Dreizeiler: „Glücklicher Vorgang:

Das Kind kommt gelaufen, / Mutter, binde mir die Schürze! / Die Schürze wird gebunden."

Else Lasker-Schüler erträumt in ihrem Gedicht: „Meine Mutter" einen Stern, den sie ihr übers dunkle Grab legen möchte: „ … ich weiß einen Stern, / auf dem immer Tag ist, / den will ich über ihre Erde tragen…"

Und vielleicht wirklich am allerschönsten ist das einfühlsame Lied der Nelly Sachs, das alle seine fünf Strophen mit der gewichtigen Zeile „Wir Mütter" beginnen lässt. Denn es beendet den damit errichteten großen Zusammenhang mit dem wichtigsten Wiegengesang der Menschheit, nämlich so: „Wir Mütter / wiegen in das Herz der Welt / die Friedensmelodie."

Selbst Goethe, der seine Mutter mitunter lange Jahre hindurch nicht besucht hat, versichert ihr seine verborgene zärtliche Verehrung im Gedicht:

Johann Wolfgang Goethe: „An die Mutter"

Obgleich kein Gruß, obgleich kein Brief von mir / so lang dir kommt, laß keinen Zweifel doch / ins Herz, als wär die Zärtlichkeit des Sohns, / die ich dir schuldig bin, auch meiner Brust / entwichen. Nein, so wenig als der Fels, / der tief im Fluß vor ew'gem Anker liegt, / aus seiner Stätte weicht, obgleich die Flut / mit stürmschen Wellen bald, mit sanften bald / darüberfließt und ihn dem Aug entreißt, / so wenig weicht die Zärtlichkeit für dich / aus meiner Brust, obgleich des Lebens Strom / vom Schmerz gepeitscht, bald stürmisch drüberfließt / und, von der Freude bald gestreichelt, still / sie deckt und nie verhindert, daß sie nicht / ihr Haupt der Sonne zeigt und ringsumher / zurückgeworfene Strahlen trägt und dir / bei jedem Blicke zeigt, wie dich dein Sohn verehrt."

Die Bildersprache in diesem Gedicht wirkt so wie der darin beschriebene Lebensstrom des Sohnes, der die regelmäßige Danksagungen an die Mutter verhindert, als wolle der Sohn die Zärtlichkeit für sie ausdrücken und zugleich verbergen: Obgleich er weder schreibt noch kommt, die Zärtlichkeit gegenüber der Mutter ist ihm nicht entwichen, NEIN! Wie ein Fels im Fluss nicht von seiner Stelle weicht und selbst tief unter Wasser noch Sonnenstrahlen zurückwirft, so spiegeln sich unter den Wassern SEINES Lebensflusses noch die zurückgeworfenen Strahlen der mütterlichen Zärtlichkeit.

In seinem Roman „Lotte in Weimar" lässt Thomas Mann Werthers Lotte mit Goethes Mitarbeiter Dr. Riemer über Goethes offenkundigen „Mangel an Initiative" hinsichtlich solcher Besuche sprechen, denn auch Lotte hat jahrzehntelang darunter gelitten. Nachdem das Buch „Werther" fertig war, hat sich Goethe mit Schattenbildern begnügt und sie, die verratene und öffentlich gemachte Liebste, nie besucht. Riemer gibt zu, das sei „sonderbar" und menschlich „anstößig", weist dann aber darauf hin, die Mutter, „das Mütterchen," habe sich „nicht im geringsten empfindlich gezeigt" über die besuchsmäßige Zurückhaltung des Sohnes. „Er blieb zwar fern, aber er schickte doch bandweise die neue Gesamtausgabe seiner Werke", die sie sich stolz „in halbfranz" habe binden lassen. Auf die Werke konnte dieses Mütterlein auch stolz sein, da er ihr nach eigenen Diktum ja viel verdankte. Lotte selbst aber war eher ein Opfer seiner Kunst, und so gibt sie sich bei Thomas Mann resoluter als die „herrliche Mutter". Zu Riemer sagte sie: „Ich bin auch Mutter, eine ganze Schar von Söhnen hab ich geboren und sie sind mir zu ansehnlichen und tätigen Leuten herangewachsen. Aber wenn auch nur einer sich aufführen wollte wie der Rätin ihr Mußjö Sohn und wollte mich elf Jahre nicht sehen sondern an meiner Stätte vorbeireisen ins Bad und auch wieder zurück, den würd ich Mores lehren, glaub' Er mir, Doktor…"

Das mag einen lehren, dass auch in der Maienlustbarkeit des Muttertages irdische Schatten die liebliche Strahlsonne zwischen Mutter und Kind trüben können. So passt die schwierige Beziehung zwischen Kind und Mutter durchaus in die „arge" Maienzeit. Ina Seidel aber zeigt in ihrem Gedicht über eine junge Mutter, wie zum Frühling nicht nur das Lied von der „Liebschaft" sondern auch das Thema der Mutterschaft gehört:

Ina Seidel: „Erstes Kind

So jung war deine Mutter nie / als in dem Lenz, da sie dich trug, / da noch dein Herz in ihrem schlug – / so jung war deine Mutter nie. /

Auch nicht als Kind war sie so jung, / dem Frühling so vertraut wie da, / der Erde so verwandt und nah – / auch nicht als Kind war sie so jung. /

Tag war wie Nacht und Nacht wie Tag, / sie lag mit Augen wach und groß, / du wuchsest ja in ihrem Schoß – / Tag war wie Nacht und Nacht wie Tag. /

Der Frühling war in ihrem Blut, / die Knospe dehnte sich und sprang, / die Amsel brütete und sang, / und Frühling war der Mutter Blut."

„...Und vor sich den Sommer"!
– Juni –

In den Monaten, die kein hart rollendes R mehr in ihrem Namen haben, so hat es zu Kinderzeiten am Bodensee geheißen, darf man baden gehen. Selbst, wenn sich daran was geändert hat und man inzwischen eher noch im September als schon im Mai Lust darauf haben dürfte, im Juni „darf" und mag man sich mitunter in die Wiesen legen. Und wer in einer Wiese liegt, der schaut, die Arme vielleicht unter dem Kopf verschränkt – beglückt – in den hellgrün umkränzten Sommerhimmel:

Christian Morgenstern: „Farbenglück

Ist nicht dies das höchste Farbenglück: / Birkenlaub in Himmelblau gewirkt? / Doch schon winkt ein graublau Felsenstück, / dunklen Epheus sprunghaft überzirkt. / Und schon sinkt mein Blick in grüne Wiesen / und in Wasser und in weißen Dunst – / und ich weiß nicht, wem von allen diesen / schenk ich meine Gunst und meine Kunst..."

Hier spricht der (Sprach-)Künstler persönlich, wenn auch stellvertretend für alle Menschen, die sich entzücken lassen von hellgrünem „Birkenlaub", das in die Farbe „Himmelblau" „gewirkt" erscheint. Aber auch efeuumrankte Felsen, grüne Wiesen, Wasser und gischtiger Dunst – der Anblick der ganzen Frühlingswelt macht glücklich, und so weiß der Künstler gar nicht genau, welche Besonderheit er ausmalen soll...

Offenbar aber scheint es Morgenstern besonders der Blick nach Oben „über die Häuser und Bäume EMPOR" angetan zu haben, so nämlich auch in seinem Gedicht: „An die Wolken". „Immer wieder" hob der Künstler seinen Blick dorthin empor, denn dabei hing der Schauende – zusammen mit den Wolken – gleichsam leibhaftig über dem tiefen Abgrund mit dem Namen „Unendlichkeit", und über DIE möchte der Künstler uns anderen offenbar gern was zu sagen haben:

Christian Morgenstern: „An die Wolken

Und immer wieder, / wenn ich mich müde gesehn / an der Menschen Gesichtern, / so vielen Spiegeln / unendlicher Torheit, / hob ich das Aug / über die Häuser und Bäume / empor zu euch, / ihr ewigen Gedanken des Himmels. / Und eure Größe und Freiheit / erlöste mich immer wieder, / und ich dachte mit euch / über Länder und Meere hinweg / und hing mit euch / überm Abgrund Unendlichkeit / und zerging zuletzt / wie Dunst, / wenn ich ohn Maßen / den Samen der Sterne / fliegen sah / über die Äcker / der unergründlichen Tiefen."

Das Gedicht ist, so sagt es seine Überschrift, „an die Wolken" gerichtet und damit, so erfahren wir in Zeile 9, an die „ewigen Gedanken des Himmels". Diesem „höheren" Gefilde der Himmelswolken werden zwei Sätze gesagt, und deren Inhalt soll nun möglichst genau wiedergegeben werden: Erster Satz: Immer wieder sieht sich das Ich müde an den Gesichtern der Menschen, denen normalerweise sein Hinschauen gilt; denn diese Gesichter spiegeln trotz ihrer Vielfalt „unendliche Torheit", und um DER zu entkommen, hebt das Ich das Auge zu den Wolken, den ewigen - aber AUCH immer wieder anders sich darstellenden „Gedanken des Himmels". Zweiter Satz: Dabei hat das Ich immer gute Erfahrung gemacht: „Größe" und „Freiheit" der Wolken er"lösten" das Ich immer wieder (aus Kleinheit und Enge!), und dabei hat sich das Ich daran gewöhnt, „mit euch" (den Wolken!) („groß" und „frei") zu denken, - nämlich „über Länder und Meere hinweg"; und das Ich „hing MIT EUCH (Wolken)" über dem „Abgrund Unendlichkeit"! Und offenbar hielt das Ich das aus, ohne abzustürzen, wie es ja auch die Wolken aushalten; das Ich hielt Stand, wie auch die Wolken standhalten, und das Ich wird dabei den großen und freien Wolken immer ähnlicher: denn auch das Ich „zerging" zuletzt, wie ja auch die Wolken zuletzt zergehen. Das Ich „zerging" wie (Wolken-)Dunst, und dabei – und das ist das Ende vom (Wolken-)Lied – kommt Einsicht statt Torheit in das schauende Ich: Dabei nämlich sieht dieses Ich den „Samen der Sterne" „ohne Maßen" „fliegen" über die unergründlichen Tiefen der Welt. Die unendliche Höhe des Himmels schickt also lebendigen Sternen-Samen über die Äcker der „unergründlichen Tiefen" der Welt. Der lebendige Same dürfte in diesen irdisch „tiefen" Äckern aufgehen, wenn die Zeit dafür gekommen ist. Frühsommer ist für Morgenstern die Zeit, in der hohe Himmel Sternensamen ausstreuen über die Äcker der Welt, um im Laufe des Sommers aufzugehen.

Dieses Wolkengedicht von Morgenstern erinnert an Brentanos Sternenlied: „Sprich aus der Ferne, heimliche Welt", das Thomas Mann seinen Tonsetzer Adrian Leverkühn hat vertonen lassen: Dort nämlich erfährt der empfindsame Mensch zunächst auch:

„(es) wehet der Sterne / Heiliger Sinn / Leis durch die Ferne / Bis zu mir hin."

Dann aber „passt" Brentanos zusammenfassende Schlussstrophe inhaltlich auch auf die Einsicht von Morgensterns Wolkenlied, wenn es dort heißt:

„...Alles ist freundlich wohlwollend verbunden, / Bietet sich tröstend und trauernd die Hand, / Sind durch die Nächte die Lichter gewunden, / Alles ist ewig im Innern verwandt. / Sprich aus der Ferne / heimliche Welt, / Die sich so gerne / zu mir gesellt."

Irgendwann wendet man seinen Menschenblick dann aber doch wieder aus der Ferne und Höhe zurück auf die alltägliche Nähe, und im Sommeranfang gern auf die langsam höher werdenden Wiesen. Sattgelb wirkten sie im Frühling: sattgelb von fettem Löwenzahn, der offenbar alles Grüne und Bunte ausmerzen will. Aber die Zeit der lebensstrotzenden Blume des Mai geht schnell vorbei und zeigt dabei ihre unvermutete Nähe zur Metamorphose der Vergänglichkeit:

Rose Ausländer: „Löwenzahn

„Astralzarte Kugel laß mich / einen unverläßlichen / Augenblick lang / eh der Wind dich entatmet / laß mich / dein mathematisches / Wunder / rühmen".

Unversehens wandelt sich die Löwenzahnblüte mit ihren robust gelben Blättern in eine sternzarte Pusteblume, die der feinste Windhauch „ent-atmet", um seine unkörperlichen Samen, ein abstraktes Wunder mathematischer Präzision, in alle Welt zu blasen, auf dass im nächsten Frühling das strotzende Gelb der Löwenzahnwiesen allüberall präsent bleibe. Rudolf Hagelstange beschreibt mit der Metamorphose von Löwenzahn in Pusteblume etwas wie den Übergang von überall aufsprießender Frühlingswiese in die spürbar vergänglichere Wiese des Sommers;

Rudolf Hagelstange: aus „Auf der Wiese"

„…Auf der Wiese vor dem Plan / steht der gelbe Löwenzahn / Alle sind ihm wohlgeneigt, / weil er sich bescheiden zeigt. / Doch der Tochter Pusteblume / sagt man nichts zu ihrem Ruhme. / Nur der blaue Himmel sieht, / wie sie schon die Erde flieht. / …Schaum und Flaum und kaum ein Traum, / blüht der weiße Wattebaum, / Was, vor diesem Äther-All / wiegt der dunklen Erde Ball! / Wo ist außen, wo ist innen, / sich hinein-, heraus zu spinnen? / Keine Blume so wie diese / von den Blumen auf der Wiese. / Auf der Wiese vor dem Haus / gehn die Kinder ein und aus, / treibt der Wind sein loses Spiel. / Nur ein Hauch, – es braucht nicht viel, / nur ein Hauch von einem Kinde, / nur ein lindes Wehn der Winde, / und des Wunderwelttalls Flaum / weht davon wie Kindertraum."

Platt und unverbindlich bleibt die Behauptung, der Löwenzahn sei wegen seiner Bescheidenheit überall beliebt. Aber das, was „nur der blaue Himmel „sieht", das ist NICHT platt, denn augenscheinlich ist es der Tod, der die Verwandlung der Frühlings- in die Sommerwiese betreibt. Und der blaue Sommerhimmel „sieht" diese Verwandlung, er sieht ihr zu, bewusst und zustimmend. Im Symbol der abstrakten Pusteblume stirbt der Frühling hinein in den Sommer!

Morgenstern hat das auch bemerkt und beschrieben, ausgehalten und – beklagt: Mit des Frühlings frühem Tod „versommern wir" schnell und „verwöhnt", also gern, aber „ach!", offenbar durch angenehme Verwöhnung bestochen, verdämmern wir den Anteil des Todes im Übergang von Frühling in Sommer: :

Christian Morgenstern: „Lied

Wenn so der erste feine Staub / des Sommers auf die Blätter fällt – / dann ade, du Frühlingswelt! / Dann ade, du junges Laub! – / Ach, wie sterben die Frühlinge schnelle!

Wenn erst das Auge sich versöhnt / mit all dem Grün und Weiß und Rot, / da beginnt des Frühlings Tod, / da versommern wir verwöhnt… / Ach, wie sterben die Frühlinge schnelle! /

Und dann schauen wir vom Hügel, / wie das Land sich müde sonnt … / Leblos steht ein Mühlenflügel, wie ein Kreuz, am Horizont –. / Ach, wie sterben die Frühlinge schnelle!"

Vom sommerlichen Hügel aus sehen wir Menschen, wie das Land sich wohlig und „müde" „sonnt", und wenn der sommerliche Hügel mit dem Kreuz auch etwas von einem traurigen Grabhügel hat, so dürfen doch auch wir Menschen mit „versommern" und in wohliger Schläfrigkeit die sommerliche Sonne genießen. Um desto schneller und fast unbemerkt aber sterben jedes Jahr die Frühlinge: Anfang Juni sind es nur einundzwanzig Tage bis dahin!

Aber dann haben wir: „vor uns den Sommer", den ganzen langen Sommer! Rilke war es, der sich und uns in der siebenten Duineser Elegie darauf besinnen lässt, was für Herrlichkeiten die Wendung „Vor sich den Sommer", impliziert, denn peu à peu „führt" er dazu „aus":

Rainer Maria Rilke: aus „Die siebente Elegie

„… Und vor sich den Sommer. / Nicht nur die Morgen alle des Sommers-, nicht nur, / wie sie sich wandeln in Tag und strahlen vor Anfang…"

„Nicht nur" sondern „SCHON" „all diese Sommermorgen hat man „vor" sich wie ein kostbares Geschenk. Eichendoff hat ein Gedicht gemacht, in dem ein solches „Strahlen vor lauter Anfang" aus einer Sommernacht erwacht:

Joseph von Eichendorff: „Morgendämmerung

Es ist ein still Erwarten in den Bäumen, / Die Nachtigallen in den Büschen schlagen / In irren Klagen, können doch nicht sagen / Die Schmerzen all und Wonne, halb in Träumen. /

Die Lerche auch will nicht die Zeit versäumen, / Da solches Schallen bring die Luft getragen, / Schwingt sich vom Tal, ehs noch beginnt zu tagen, / Im ersten Strahl die Flügel sich zu säumen. /

Ich aber stand schon lange in dem Garten / Und bin ins stille Feld hinausgegangen, / Wo leis die Ähren an zu wogen fingen. /

O fromme Vöglein, ihr und ich, wir warten / Aufs frohe Licht, da ist uns vor Verlangen / Bei stiller Nacht erwacht so sehnend Singen."

Das Gedicht hat die feierliche Form einer Ode: auf zwei Vierzeiler folgen zwei Dreizeiler, deren Endzeilen „Wo leis die Ähren an zu wogen fingen" und „Bei stiller Nacht erwacht so sehnend Singen" im Reim zusammenschnappen und – hier im erwachten „Singen" – zum feierlichen Schluss und Höhe-Punkt der beschriebenen Bewegung finden. Auch sonst spielen die Reime in diesem Morgenlied eine verklammernde Rolle: Bei den Vierzeilern reimt die jeweils erste mit der jeweils vierten: „Bäumen/ Träumen, /versäumen / säumen /", die gereimten umklammernden Verse sind mit Binnenreimen angereichert, sodass die Reimwörter „schlagen", „Klagen",

„sagen", „getragen", „tagen", „Verlangen" Verbindungen anklingen lassen, von denen sich der Schlussreim abhebt, wonach wogende Ähren (an-) „fingen" – ein „sehnend Singen". All das drängt auf das morgendlich aufstrahlende Beginnen hin, mit dem der Sommermorgen sich aus dem Dunkel erhebt –„strahlend vor Anfang." Die akkustischen Signale wiederholen den Vorgang spiegelnd: Die Lerche spürt in der noch getragenen Luft erste Schallwellen, sie „schwingt " mit, zunächst in einer Bewegung, indem sie auffliegt. So vermehrt sie Schwingungen in der Luft zunächst durch ihren Flügelschlag, das aber, um rechtzeitig im beginnenden Sonnenlicht sich nicht nur die Flügel von der aufgehenden Morgensonne röten zu lassen sondern um die Sonne selber singend zu begrüßen. Dann aber, wenn im Morgen die Ähren in der erregten Luft zu wogen beginnen, erwacht kurz vor dem ersten Strahl des Lichts überall solch ein den neuen Tag ersehnendes Singen, strahlend vor – „Anfang".

Auch Mörike hat diesen ersten Augenblick des beginnenden Tages herrlich festgehalten, allerdings in einem Winter-Gedicht „An einem Wintermorgen vor Sonnenaufgang"; dort heißt es am Schluss:

„Dort, sieh, am Horizont lüpft sich der Vorhang schon! / Es träumt der Tag, nun sei die Nacht entflohn; / Die Purpurlippe, die geschlossen lag, / Haucht, halbgeöffnet, süße Atemzüge: / Auf einmal blitzt das Aug, und, wie ein Gott, der Tag / Beginnt im Sprung die königlichen Flüge!"

So ein göttlicher „Sprung" in den Tag kann auch die Menschen beglücken und aktivieren. In einem Erbauungsbuch von Margot Bickel mit dem Titel „Pflücke den Tag" werden die Leser angeregt, die Früchte des Tages nicht passiv verkommen zu lassen: Neben einem Bild von reifendem Korn um eine windbewegte Mohnblume steht als Text:

„Pflücke den Tag / und gehe behutsam damit um / Es ist dein Tag, 24 Stunden lang / Zeit genug, ihn zu einem wertvollen Tag

werden zu lassen / darum laß ihn nicht schon in den Morgenstunden / verwelken." Das braucht aber keinen hektischen Aktivismus zu suggerieren. Rilke hat für seine Freundin Lou Andreas-Salomé einen Gedichtband „Dir zur Feier" gemacht, und das Widmungsgedicht zeigt, dass auch ein „Deingedenken" einen Tag wertvoll machen kann:
Rainer Maria Rilke: aus „Dir zur Feier

Ich möchte dir ein Liebes schenken, / das dich mir zur Vertrauten macht:/ aus meinem Tag ein Deingedenken / und einen Traum aus meiner Nacht..."

Wer wie wir alle im Juni den Sommer vor sich hat, der hat nicht nur solche Morgen vor sich, wie sie „strahlen vor Anfang", sondern, so führt die Elegie weiter aus,

„Nicht nur die Tage, die zart sind um Blumen, und oben, / um die gestalteten Bäume, stark und gewaltig, / Nicht nur die Andacht dieser entfalteten Kräfte ..."

– aber eben auch dies alles: die erst zarten Sommertage und die „Andacht" dieser vom Sommer entfalteten Kräfte ist erst ein Anfang in der Entfaltung des Sommers.

Mascha Kaléko, die in Berlin aufgewachsene jüdische Dichterin, hat solch zart sich entfaltende erste Sommertage dort erlebt, auf einer Bank im amerikanischen Exil erinnert sie sich später:
Mascha Kaléko: aus „Auf einer Bank

In jenem Land, das ich einst Heimat nannte, / Wird es jetzt Frühling wie in jedem Jahr. / Die Tage weiß ich noch, so licht und klar, / Weiß noch den Duft, den all das Blühen sandte, / Doch von den Menschen, die ich einst dort kannte, / Ist auch nicht einer mehr, so wie er war..."

Das gilt auch für die Dichterin selbst. Auf der Bank in dem fremden Land versucht sie, an die verlorene Verbindung mit dem „Damals" anzuknüpfen: „Gott hält seinen Himmel ausgespannt, / Als folgte er uns nach in fernste Ferne…".

Der Sommer über der Menschenwelt hat sich – auch nach Rilkes Elegie – mit dem immer klarer werdenden Tag noch nicht erschöpft: im langen Atem der siebenten Elegie geht die Aufzählung dessen, was die Geschenke des Sommers alles enthalten, noch immer weiter: nicht nur die Sommermorgen, nicht nur die zarten Kräfte um Blumen und die starken im Umkreis von Bäumen machen den Sommertag aus, sondern auch:

„nicht nur die Wege, nicht nur die Wiesen im Abend, / nicht nur, nach spätem Gewitter, das atmende Klarsein, / nicht nur der nahende Schlaf, und ein Ahnen, abends…" – gehören zu ihm. Abendliche Wege im Wald, dämmernden Wiesenmatten, nahender Schlaf und doch: atmendes Klarsein und „ein Ahnen" – all das findet sich in den Motiven von Eichendorffs sommerlichem Abendlied mit der Überschrift „Nachts":

Joseph von Eichendorff: „Nachts

Ich stehe im Waldesschatten / Wie an des Lebens Rand, / Die Länder wie dämmernde Matten, / Der Strom wie ein silbern Band. /

Von fern nur schlagen die Glocken / Über die Wälder herein, / Ein Reh hebt den Kopf erschrocken / Und schlummert gleich wieder ein. /

Der Wald aber rühret die Wipfel / Im Traum von der Felsenwand. / Denn der Herr geht über die Gipfel / Und segnet das stille Land."

In Abendfrieden wird hier die Welt der Menschen, Tiere und Pflanzen zur Ruhe gebracht. Eichendorff schrieb das Gedicht mit 76 Jahren, sein Lied „In der Nacht 2", ist zur selben Zeit entstanden, und es liest sich wie eine direkte Fortsetzung auch des zeitlichen Geschehens: Der Herr ist weiter gegangen, aber sein Segen bleibt in der Sommernacht spürbar bis in das letzte Wort der letzten Gedichtzeile hinein:

Joseph von Eichendorff: „In der Nacht (2)

„Wie rauscht so sacht / Durch alle Wipfel / Die stille Nacht, / Hat Tal und Gipfel / Zur Ruh gebracht. / Nur der Mensch in Träumen / Sinnt fort, was er bei Tag gedacht. / Weiß nichts von dem Lied in den Bäumen / Und von des Himmels Pracht, / Der in den stillen Räumen / über allen wacht."

Der Mensch weiß nichts davon, aber im Nachtgedicht klingt „des Himmels Pracht", und die ganze Natur ist davon angerührt, SO angerührt, dass sie, bis in die Wipfel bewegt, darauf zu antworten sucht.

Mit den spürbar unendlich „hohen" Sommernächten nun haben die Gaben des Sommers, die Rilke in der siebenten Duineser Elegie in einem gewaltigen Spannungsbogen dargestellt hat, ihren Höhepunkt erreicht: Wer den Sommer vor sich hat, wird nicht nur die „Morgen alle des Sommers" erleben, „nicht nur, wie sie sich wandeln in Tag", „nicht nur … die Andacht dieser entfalteten Kräfte, … nicht nur die Wiesen und ein Ahnen, abends…":

Rainer Maria Rilke: Aus „Die siebente Elegie

„…sondern die Nächte! Sondern die hohen, des Sommers, / Nächte, sondern die Sterne, die Sterne der Erde. / O einst tot sein und sie wissen, unendlich, / alle die Sterne: denn wie, wie, wie sie vergessen!"

Das Höchste, das Äußerste an Erfahrung und das Schönste, was der Mensch erleben kann, sind die Nächte des Sommers: der sie Erlebende spürt die unendliche Höhe des Universums (wie Morgensterns Ich sie in der Größe und Freiheit der Wolken aus dem Blickfeld der Wolken erspürte!). Er sieht die nicht endende Vielzahl der

Sterne, ihr Strahlen in die Dunkelheit und erfährt, dass die Sterne am Himmel die „Sterne der Erde" sind! Damit hat das Irdische teil am Überirdischen, denn wenn die ERDE „Sterne" hat, dann ist sie Teil des Himmels: dann aber kann es sein, dass auch der einst tote Mensch sein Wissen von ihnen auch im Tod nicht verliert: dann vielmehr „weiß" sie der Mensch „unendlich", auf eine nie endende Weise. Das aber wird nun mit einer überraschenden Wendung noch anders begründet: der Mensch, der die Sternennacht erfahren hat, „weiß" die Sterne auf „unendliche Weise", denn „wie, wie, wie" könnte er eine so große Einsicht jemals „vergessen!" Auch solche Erfahrung hat der Mensch vor sich, solang er „Sommer" vor sich hat, also alle Jahre wieder im Juni, wenn der Sommer anfängt. Mit Morgenstern soll versucht werden, uns aus solchem Höhenflug wieder im bloß Irdischen einzukriegen – auch bei ihm geht es inhaltlich dabei um die Sommernacht und um einen durchaus realistischen Höhenflug:

Christian Morgenstern: „Hochsommernacht

Es ist schon etwas, so zu liegen, / im Aug der Allnacht bunten Plan, / so durch den Weltraum hinzufliegen / auf seiner Erde dunklem Kahn! / Die Grillen eifern mit den Quellen, / die murmelnd durch die Matten ziehn; / und droben wandern die Gesellen / in unerhörten Harmonien. / Und neben sich ein Kind zu spüren, / das sich an deine Schulter drängt, / und ihr im Kuß das Haar zu rühren, / das über hundert Sterne hängt… / Es ist schon etwas, so zu reisen / im Angesicht der Ewigkeit / auf seinem Wandler hinzukreisen, / so unaussprechlich eins zu zweit…"

„…Mag alles Leid und Schatten sein – Doch diese eine, süße Sonnenstunde nicht, …Und nicht das tiefe zarte Wohlgefühl In meiner Seele."
– Juli –

Natürlich kann man auch mitten im schönsten Sommer schwere und wehe und sogar kalte Tage haben, und es brauchen nicht einmal große Schicksalsschläge dahinter zu stecken, oft genügt schon ein kleiner privater Liebeskummer:

Herrmann Hesse:

„Wie sind die Tage schwer! / An keinem Feuer kann ich erwarmen, / Keine Sonne lacht mir mehr, / Ist alles leer, / Ist alles kalt und ohne Erbarmen, / Und auch die lieben klaren / Sterne schauen mich trostlos an, / Seit ich im Herzen erfahren, / Daß Liebe sterben kann."

Das schwerblütige Liedlein gibt sich merkwürdig einfach, ja sogar simpel, und das liegt an den Reimen, die anfangs fast klischeehaft klagen: „schwer" reimt da auf „keine Sonne mehr", und auf „alles leer", kein Feuer macht „erwarmen", es ist „kalt und ohne Erbarmen". Aber die Reimführung ist durchaus raffiniert gemacht, nämlich abaa, bcdcd: zunächst wirkt sie als traurige Wiederholung, dann bündelt sie die Zeilen zu zwei Strophen erst mit Paarreim, dann mit Kreuzreim am Ende, und dann reimt die letzte neunte Zeile zurück zur Zeile sieben, der bisher noch kein Reimwort Antwort gab und so verbindet sich die große Klage: „auch die… Sterne schauen mich trostlos an" mit der überraschenden Ursache für die beklagte Trostlosigkeit: die besteht darin, dass „Liebe sterben kann!" Das aber ist nicht zu verwechseln mit einem einfachen Liebeskummer, bei dem einer liebt, aber nicht zurückgeliebt wird: Hier klagt jemand, weil er – möglicherweise in seinem eigenen – Herzen „erfahren" hat, „daß

Liebe sterben kann". Das weiß der nun, und so muss er nun der Liebe misstrauen, und zwar nicht nur der Liebe eines anderen sondern seinem eigenen, als tief und wahr empfundenen Liebesgefühl.

Wer sowas vielleicht nach einem Liebes-Frühling erfahren hat, dem kann es leicht geschehen, dass er – im sommerlichen Gras liegend – den Sommer überhaupt für ein „Blumengaukelspiel" hält, für den stöhnenden Traum eines unvollkommenen und eher bocksbeinigen Naturgottes; der junge Hesse schrieb um die gleiche Zeit, in der er beklagt, dass Liebe „sterben kann", ein Sommergedicht, in dem er sich zunächst in DIE Rolle eines Mannes versetzte, der im „Sommer" nur die krampfhafte Spannung pubertär gärender Natur zu erleben meint:

Hermann Hesse: „Im Gras liegend

Ist dies nun alles, Blumengaukelspiel / Und Farbenflaum der lichten Sommerwiese, / Zartblau gespannter Himmel, Bienensang, / Ist dies nun alles eines Gottes / Stöhnender Traum, / Schrei unbewußter Kräfte nach Erlösung? / Des Berges ferne Linie, / Die schön und kühn im Blauen ruht, / Ist denn auch sie nur Krampf, / Nur wilde Spannung gärender Natur, / Nur Weh, nur Qual, nur sinnlos tastende, / Nie rastende, nie selige Bewegung? / Ach nein! Verlaß mich du, unholder Traum / Vom Leid der Welt! / Dich wiegt ein Mückentanz im Abendglast, / Dich wiegt ein Vogelruf, / Ein Windhauch auf, der mir die Stirn / Mit Schmeicheln kühlt. / Verlaß mich du, uraltes Menschenweh! / Mag alles Qual, / Mag alles Leid und Schatten sein – / Doch diese eine süße Sonnenstunde nicht, / Und nicht der Duft vom roten Klee, / Und nicht das tiefe, zarte Wohlgefühl / In meiner Seele."

Das Gedicht, das einer singt, während er im Gras einer Sommerwiese liegt, passt nicht auf diesen Untergrund: überladen von prosaischen zweifelnden und verzweifelnden Gedanken, ungereimt und also ganz ohne magische Beziehungen von Reimwörtern, die sich suchen und finden könnten, wirkt es zumindest in seiner ersten

Hälfte wie ein spätbarockes Traktat über die eitle „Vanitas" der Welt. Dazu passt die antithetische Zweiteilung: Die beiden ersten Sechszeiler schildern die schöne Sommerwelt als Schrei unbewusster Kräfte nach Erlösung von diesen Triebkräften, wobei es dann aber – laut zweiter Strophe – dazu kommen würde, dass auch der „Berge feine Horizontlinie", die „schön im Himmelsblau" zu ruhen scheint, als Ausdruck wild gespannter, gärender Natur zu deuten wäre. Hier aber kommt es zum Wendepunkt in dieser „un-seligen" Bewegung des Gedichts: Das Ich wechselt die Perspektive: es verlässt sich nicht auf die Arbeit des Verstandes sondern – beglaubigt durch die (25.) „Zusatzzeile", mit der das eigentlich vier-strophige Gedicht verlängert abschließt –: auf die tiefen und zarten Erfahrungen „in meiner Seele": Die „unholde" triebgesteuerte Welt bleibt ein eingebildeter Alptraum, denn: sie wird zunichte gemacht, sie wird „aufgewogen", sie wird sogar dreimal aufgewogen durch offensichtlich zufällige Kleinigkeiten, die belegen, dass das irdische Leben nicht zu Leid und Qual" bestimmt ist, denn, so heißt es im Text:

„Ach nein! Verlaß mich du, unholder Traum / Vom Leid der Welt! / Dich wiegt ein Mückentanz im Abendglast / Dich wiegt ein Vogelruf / Ein Windhauch auf, Der mir die Stirn / Mit Schmeicheln kühlt…"

In der konjugierten Form: Dich, falscher Traum „WIEGT ein Mückentanz AUF, Dich falscher Traum WIEGT ein Vogelruf, ein kühlender Windhauch AUF, wird es noch verdeutlicht: Die Welt IST NICHT nur Leid und Schmerz und Schatten: es gibt den selbstvergessen seligen Tanz der Mücken im Abendschein, es gibt verständigenden Vogelruf, es gibt den schmeichelnd kühlenden Windhauch in der Sommerglut, kurzum: es gibt „das tiefe zarte Wohlgefühl – in meiner Seele", mit dem meine Seele antwortet auf Dinge, die nicht IN der Seele liegen sondern aus der Welt kommen und auf sie einwirken: Nein, nicht alles Irdische ist Leid und Qual und Schatten: mag sonst alles negativ sein – „Doch diese eine süße Sonnenstunde nicht"! Und in dieser – vielleicht nur kurzen – Sommererfahrung erlebt das Wohlgefühl dessen, der sie erfährt, auch anderes: den Duft vom roten Klee etwa, also „das tiefe, zarte Wohlgefühl" in der von der schönen Sommerwelt ergriffenen „Seele."

Es gibt sie also, die schöne Welt des Sommers, die beglückende Natur, die die Seele im tiefen Wohlgefühl aufleben lässt – aber diese schöne Welt drängt sich nicht auf, und hätte das Ich im Gras nicht Acht gehabt auf den Tanz der Mücken, nicht hingehorcht auf den beantworteten Vogelruf und den wohltuenden Windhauch auf seiner Stirn und in seiner Seele nicht erspürt, so hätte dieses Ich die beglückende Gewissheit des Sommers vielleicht gar nicht erfahren. Die schöne Sommerwelt, ja die Natur insgesamt, versteckt sich und will erfahren sein von Menschen, die sie suchen oder zumindest sich ihr öffnen. Das haben vor allem die Romantiker die Menschen ahnen lassen wollen, um sie zu eigener Erfahrung zu verlocken:

Joseph von Eichendorff: „Lockung

Hörst du nicht die Bäume rauschen / Draußen durch die stille Rund? / Lockts Dich nicht, hinabzulauschen / Von dem Söller in den Grund, / Wo die vielen Bäche gehen / Wunderbar im Mondenschein / Und die stillen Schlösser sehen / In den Fluß vom hohen Stein? /

Kennst du noch die irren Lieder / Aus der alten schönen Zeit? / Sie erwachen alle wieder / Nachts in Waldeseinsamkeit, / Wenn die Bäume träumend lauschen / Und der Flieder duftet schwül / Und im Fluß die Nixen rauschen – / Komm herab, hier ists so kühl."

Wer „lockt" hier, wer wird hier verlockt – und wozu wird der Verlockte gelockt? Der Verlockte wird offenbar als DU angesprochen und anfangs aufgefordert, dem Rauschen der Brunnen zuzuhören, die „draußen", im Freien überall in der „stillen Rund" zu hören sind. Offensichtlich ist es eine laue Nacht, der Angesprochene sitzt im „Söller" einer Burg und wird nun befragt, ob es ihn nicht von sich aus „lockt", von seiner Höhe aus „hinabzulauschen" in den tieferen „Grund", um dort unten zu lauschen, wo die vielen Bäche „gehen" und ruhig ihren Weg finden, „wunderbar im Mondenschein", und wo dann, etwas weiter entfernt, im breiteren Fluss der vereinigten Bäche „stille" Schlösser stehen neben „hohem Stein". Der verlockend Sprechende kennt den Angesprochenen von früher: daher kann er fragen: „kennst du NOCH die „irren" Lieder aus der „alten schönen Zeit"? „Irr" ist ein Lieblingswort der Romantiker und Eichendorff mag es besonders, denn es kennzeichnet die verführerische Gegenwelt des exakt mathematischen Verstandes und irrlichtert märchenhaft und sogar gefährlich auf ungesicherten Irrwegen. Der Verlockte hat sich offenbar schon früher in diese Regionen entführen lassen, und nun wird ihm versprochen: Nachts, in der Waldeseinsamkeit, erwachen die irren Lieder der alten, schönen Zeit alle wieder, der Verlockte kann sie selber wieder hören, wenn er bloß hinablauscht in den Grund, wenn dort die „Bäume träumend" ihrerseits den irren Liedern „lauschen", wenn es dort außerdem so „schwül" duftet. Und außerdem: dort unten im Grund rauschen Nixen sehnsüchtig im Fluss – und das Rauschen der Nixen scheint zusammenzufallen mit den Schlussworten des Lockenden „Komm herab, hier ists so kühl". Wer also verlockt hier? Die Verlockung spricht aus dem „stillen Grund", die rauschenden Nixen sind eingeschlossen in die verführerische Rede aus dem Bereich des „stillen Grundes", und so geht die Lockung von der Natur aus, von der Natur als dem Gegenüber des Menschen, der „da" ist, um sie zu erfahren, ja um sie zu „erkennen". In der Sprache der Bibel aber ist das Wort „Erkennen" ein Synonym für „Lieben": die Natur will erkannt und geliebt werden, der Mensch will sie erfahren und lieben lernen: wenn beide Bereiche, die Welt der Menschen und die Welt der Natur, darin zusammenkommen, gewinnen sie beide ein Mehr an Dasein. In einer Sommernacht wie dieser im Gedicht Eichendorffs kann das wirklich werden.

Dass die Natur, ja dass die Welt als Gegenüber des Menschen von diesem erkannt werden soll, das ließ Max Frisch auch seine Figur

„Stiller" erfahren: Stiller, der sich auf keine seiner Rollen festlegen lassen möchte, erinnert sich an eine Abenteurer-Zeit, wo er auf einem Jeep mit einem Kollegen durch die Wüste von Chihuahua fuhr und einen Sonnenuntergang erlebte:
Max Frisch: aus „Stiller:

In der Ferne sahen wir die roten Gebirge, doch kamen sie nicht näher, und oft, wiewohl man den kochenden Motor hörte, konnte ich einfach nicht unterscheiden, ob man eigentlich fährt oder nicht fährt. Es war, als gäbe es keinen Raum mehr; daß wir noch lebten, zeigte uns nur noch der Wechsel der Tageszeit. Gegen Abend streckten sich die Schatten der haushohen Kakteen, auch unsere Schatten; sie flitzten neben uns her mit Hundertmeterlänge auf dem Sand, … das Tageslicht wurde dünner und dünner, ein durchsichtiger Schleier vor dem leeren All. Aber noch schien die Sonne. Und in der gleichen Farbe wie die Kuppen von Sand, die von der letzten Sonne gestreift wurden, erschien der übergroße Mond… Wir fuhren, was unser Jeep herausholte, und dabei nicht ohne jenes feierliche Bewußtsein, daß unsere Augen durchaus die einzigen sind, die all dies sehen; ohne sie, ohne unsere sterblichen Menschenaugen, die durch die Wüste fuhren, gab es keine Sonne, nur eine Unsumme blinder Energie, ohne sie keinen Mond; ohne sie keine Erde, überhaupt keine Welt, kein Bewußtsein der Schöpfung. Es erfüllte uns, ich erinnere mich, ein feierlicher Übermut; kurz darauf platzte der hintere Pneu."

Max Frischs Abenteurer erfuhren am Sonnenuntergang in der glühenden Wüste, wozu die Menschen in der Welt nötig sind: indem die Menschen die Welt erfahren, kommen die „blinden" Energien zum Bewusstsein in den Erkennenden: Beide Partner, der Mensch wie sein Gegenüber, die blinde Welt, gewinnen damit an Existenz: den erkennenden Menschen erfüllt dabei ein „feierlicher Übermut; die blind energetische Welt aber wandelt sich in sinnvolle Schöpfung. Dass Max Frisch DAS bewusst hat ausdrücken wollen, das belegt der Satz, mit dem er die abenteuerliche Geschichte Stillers eingeleitet hat: Der Satz heißt: „Man fragt sich schlechthin, was der Mensch auf dieser Erde eigentlich macht", und da es in der Story abenteuernde Ingenieure sind, die diese Frage stellen, finden sie keine Antwort – und haben das auch gar nicht erwartet, denn ihr Satz endet: „und man ist froh, sich um einen heißen Motor kümmern zu müssen", sodass man die gesuchte Antwort erst mal verschieben kann. Die Abenteuergeschichte indes hat die Frage beantwortet: Der Mensch hat die Aufgabe, die blinde Welt in erfahrene Schöpfung zu verwandeln und dabei seine eigentliche Existenz zu intensivieren.

Rilke meint in der siebenten Elegie, dass es zumindest kurzfristig allen Menschen, auch den scheinbar überwiegend Entbehrenden, gelinge, in dieser Weise Welt zu erfahren und damit das eigene Dasein intensiv, ja „herrlich" zu spüren:

Rainer Maria Rilke: Aus der siebenten Elegie:

„Hiersein ist herrlich. Ihr wußtet es, Mädchen, IHR auch, / die ihr scheinbar entbehrtet… / …Denn eine Stunde war jeder, vielleicht nicht / ganz eine Stunde, ein mit den Maßen der Zeit kaum / Meßliches zwischen zwei Weilen – da sie ein Dasein / hatte. Alles. Die Adern voll Dasein….".

Und dieses gesteigerte Dasein gelingt dann, wenn es sogar scheinbar benachteiligten Mädchen oder Menschen gelingt, die Außenwelt in eine bewusst aufgenommene innere zu verwandeln. Es heißt – begründend: „Nirgends, Geliebte, wird Welt sein, als innen. Unser / Leben geht hin mit Verwandlung…"

Dadurch, dass der Mensch seine Umwelt aufnehmen und in bewusst erfahrene Innenwelt verwandeln kann, ist er ein wenig mit einbezogen in den göttlichen Schöpfungsprozess, und damit kann er auch sein Da-Sein intensivieren und „Adern voll Dasein" spüren. Die idealistische Philosophie entsprach diesem neuen Lebensgefühl der Romantiker: „Vom Ich als Prinzip (Un-bedingtes) in der Philosophie", heißt eine Hauptschrift von Schelling dazu. Sie liefert die philosophischen Grundlagen für das vom Ich erst zu erschaffende, Weltgefüge, in dem erst „sterbliche Menschenaugen" blinde Energie in als sinnvoll erfahrene Welt verwandeln. Goethe hat diese neueste idealistische Philosophie in seinen Faust II eingearbeitet: in der Baccalaureusszene liefert er er eine parodistisch leicht übertreibende Zusammenfassung:

Goethes aus „Faust II"

Baccalaureus: „Dies ist der Jugend edelster Beruf! / Die Welt, sie war nicht, eh' ich sie erschuf; / Die Sonne führt' ich aus dem Meer herauf; / Mit mir begann der Mond des Wechsels Lauf, /…/ Die Erde grünte, blühte mir entgegen. /…"

In der Sache hat der angehende Akademiker nicht unrecht, seine Rede wirkt nur deshalb anmaßend und überheblich, weil er das „Ich als Prinzip in der Philosophie" naiverweise mit seinem eigenen persönlichen Ich gleichsetzt. Das aber ist dem genial parodistischen Zugriff Goethes geschuldet, der wohl den modischen Adepten dieser Philosophie eins auswischen wollte.

Ein bescheidenes Zurücktreten dieser von Goethe parodierten menschlichen Anmaßung vermittelt – ganz nebenbei – ein wunderbares Sommergedicht von Ina Seidel, in dem das „süße Atemwehn" des Sommers auch eine befreiende Wirkung hat auf den Menschen und „gelind" die arme Menschenbrust „ ent-bindet" und damit öffnet für das Ganze des irdischen Lebens:

Ina Seidel: „Trost

Unsterblich duften die Linden – / Was bangst du nur? / Du wirst vergehn, und deiner Füße Spur / Wird bald kein Auge mehr im Staube finden. / Doch blau und leuchtend wird der Sommer stehn / Und wird mit seinem süßen Atemwehn / Gelind die arme Menschenbrust entbinden. / Wo kommst du her? Wie lang bist du noch hier? / Was liegt an dir? / Unsterblich duften die Linden –"

Da ist es wieder, das „tiefe zarte Wohlgefühl", mit dem die Menschenbrust auf das Erlebnis „Sommer" – laut unserem einleitenden Hesse-Gedicht – reagiert. In DIESEM Sommergedicht enthält das ausgelöste Wohlgefühl zudem eine stark tröstende Komponente, denn das Sommergedicht heißt – „Trost"! Wieso hat es Trost nötig? Die Erklärung liegt in dem auslösenden Motiv des Lindendufts, mit dem das Gedicht einsetzt und schließt, und mit dem Eindruck, dass dieser Duft nicht als kurz und verwehend erfahren wird sondern dass diesem Duft die Bezeichnung „unsterblich" zukommt:

„Unsterblich duften die Linden", der sie riechende Mensch mag sich erinnern, dass er den Duft schon seit langem kennt und in der wiederholten Erfahrung spürt er, dass der Lindenduft längst nicht vorbei ist, wenn er für diesmal verwehen wird: un-sterblich kommt er alle Jahre wieder, „un-sterblich" also duften die Linden. Im Vergleich dazu spürt der Riechende, dass ER ihren Duft nicht ewig spüren wird. Aber wenn ihm dabei ein wenig „bang" werden könnte, so vermittelt gerade dieser verwehende Sommer-Duft doppelt tiefgehenden „Trost": Zum einen ist nicht nur der Lindenduft unsterblich, sondern wie er wird auch der Sommer ewig „blau und leuchtend" über der Welt stehen, wenn die Zeit dafür gekommen ist, immer wieder, also in un-endlicher Wiederkehr wird der Sommer mit süßem (und durchaus vergänglichem) „Atemwehn" die lebende Menschenbrust „gelind" „ent-binden". Und jetzt, in diesem Sommer und bei diesem Lindenduft ist es noch die eigene Menschenbrust, die der diesmalig als „unsterblich" erfahrene Sommerduft ent-bindet, also befreit und an der im Duft erfahrenen Un-Sterblichkeit ein wenig teilhaben lässt! Egal oder doch fast egal, wie oft es gelingt: mitunter kann die weltoffene Menschenbrust Unsterblichkeit erleben. Darin liegt Trost, ja darin liegt etwas wie Aufhebung der Sterblichkeit. Also: „was bist du bang?" „Was liegt an dir?", was daran, ob du gerade noch lebst oder schon nicht mehr? Auch du hast es gerochen, hast daran teilgehabt: „Unsterblich duften die Linden –".

Blau und leuchtend ist der Sommer gestanden, und hat auch die eigene „arme Menschenbrust" ent-bunden, befreit und über seine eigene Sterblichkeit hinaus getröstet. Jugendbewegte Baccalaurei indes müssen sich korrigieren lassen: auch wenn sie selbst längst alt und vergangen sind, wird Welt und Sommer sein und die Menschen „Un-sterbliches" als (Linden-) Duft oder traumhaftes Ahnen erfahren lassen. Eichendorff zeigt das an einem verträumten Sommerabend.

Joseph von Eichendorff: „Der Abend

Schweigt der Menschen laute Lust: / Rauscht die Erde wie in Träumen / Wunderbar mit allen Bäumen, / Was dem Herzen kaum bewußt, / Alte Zeiten, linde Trauer, / Und es schweifen leise Schauer / Wetterleuchtend durch die Brust."

Das kleine Gedicht hat nur einen einzigen Satz, der in kleinen Worten das Wesentliche eines sommerlichen Abends erfasst: Gleich, wenn sich der Lärm des Tages legt, können die Menschen das Rauschen der träumenden Erde bemerken: in allen Bäumen ist es wunderbar zu hören, und kaum bewusst kommt es auch in ihren Herzen vor: es ist weder laut noch eindeutig lustvoll, zweideutig „wetterleuchtend" weckt es vergangene alte Zeiten und „linde" Wehmut und macht die Menschen erschauern. Denn ahnungsvoll spüren sie an solch einem „Abend", dass sie Anteil haben (und sind!) im „unendlichen" Ganzen.

Auch Theodor Storm, der als Realist gilt, behauptet als Poet seinen Anspruch in diesem Genre, wobei er den nicht aus einem sommerlichen Abend ableitet sondern aus dem Bereich des Märchenhaften, das allerdings vor allem „sommernachts" zu erleben sei:

Theodor Storm: „Märchen

Ich hab's gesehen, und will's genau berichten; / Beklagt euch nicht, wenn ich zu wenig sah! / Nur sommernachts passieren die Geschichten; / Kaum graut die Nacht, so rückt der Morgen nah, /

Kaum daß den Wald die ersten Strahlen lichten, / Entflieht mit ihrem Hof Titania; / Auf Weg und Steg spazieren die Philister, / Das
wohlbekannte leidige Register. /

Kein Zauber wächst für fromme Bürgersleute, / Die tags nur wissen, wie die Glocke geht. / Die gründlich kennen gestern, morgen,
heute, / Doch nicht die Zeit, die mitten drin besteht; / Ich aber hörte
wohl das Waldgeläute, / Ein Sonntagskind ist immer der Poet; / So
laßt euch denn in blanken Liederringen / Von Reim zu Reim ins
Land der Märchen schwingen."

Titania ist die Elfenkönigin im Sommernachtstraum, ihr Reich
entschwindet, sobald der Morgen der Bürger beginnt, die ihren Tag
messen und berechnen. Das poetische Ich des Gedichtes kann auch
solchen Leuten die Märchenwelt erschließen und sie teilhaben lassen an den umfassenden wahren Geschichten, die sich den Sonntagskindern und Poeten andeutungsweise in Sommernächten offenbaren.

Damit dankt der Poet Storm dafür, dass er wenigstens ansatzweise hat teilhaben können am wirklichen bewussten Erleben der
Schöpfung und das hat weitergeben können an weniger privilegierte Mitmenschen, die die entscheidenden Sommerstunden verschlafen. Auch für Hölderlin scheint besonders der „Sommer" die
wichtigste Erfahrung solcher Offenbarung zu liefern, die das
menschliche Erleben in die Nähe göttlichen Schöpferlebens reichen
lassen. Wie in einem posthumen Vermächtnis dankt der Dichter DAfür:

Friedrich Hölderlin: „An die Parzen

Nur einen Sommer gönnt, ihr Gewaltigen! / Und einen Herbst zu
reifem Gesange mir, / Daß williger mein Herz, vom süßen / Spiele
gesättigt, dann mir sterbe. /

Die Seele, der im Leben ihr göttlich Recht / Nicht ward, sie ruht auch drunten im Orkus nicht; / Doch ist mir einst dies Heil'ge, das am / Herzen mir liegt, das Gedicht, gelungen, /

Willkommen dann, o Stille der Schattenwelt! / Zufrieden bin ich, wenn auch mein Saitenspiel / Mich nicht hinab geleitet; EINMAL / Lebt ich, wie Götter, und mehr bedarf's nicht."

„Willst du den Sommer? Die Sehnsucht des Sommers? Die Beklommenheit des Sommers?" Der neue Anstoß menschlicher Erfahrung durch Georges „Sommer der Seele"
– August –

Man stelle sich jemanden vor, der nicht mehr ganz jung ist und sich in einem späteren Sommer seines Lebens bemüht, seine zutiefst eigene Erfahrung vom Sommer auszudrücken: die Sehnsucht „seines" Sommers, dessen Beklommenheit, dessen Sommermorgen und sommerlichen Nachmittage, kurzum: er sucht den „Sommer seiner Seele". Da taucht vor allem ein Bild vor ihm auf, das Bild eines Knaben. Sinnend saß der schöne Knabe an einem Sommernachmittag da, am Rand eines Weihers und lauschte – Eichendorff würde sagen: er lauschte „hinab" – in „die tiefe Heimlichkeit" des Wassers. Das „schöne Bildnis" dieses sinnenden Knaben wird dem sich Erinnernden zum „Sommer"-Bild seiner Seele; damals erlebte er so, mit diesem Knaben – sehnsüchtig und beklommen – die schwere Süße des hohen Sommers, in diesem Bild erfüllt sich für ihn der „August", der Hoch-Sommer seiner Seele.

Die Anregung zu DIESEM Sommerbild als Einleitung in den „August im Gedicht" verdanken wir einem Essay Hofmannsthals mit der Überschrift: „Das Gespräch über Gedichte". Darin erklärt Hofmannsthal – besonders in den Ausführungen des Gesprächspartners Gabriel – warum George in seinem „Jahr der Seele" die Jahreszeiten vor allem als Seelenzustände versteht: Die Jahreszeiten und auch die Landschaften darin seien „Träger" von etwas anderem, denn:

„Sind nicht die Gefühle,…alle die geheimsten und tiefsten Zustände unseres Inneren in der seltsamsten Weise mit einer Landschaft verflochten, mit einer Jahreszeit, mit einer Beschaffenheit der Luft, mit einem Hauch? Eine … schwüle, sternlose Sommernacht; ein Geruch feuchter Steine in einem Hausflur, das Gefühl eisigen Wassers, das … über deine Hände sprüht: an ein paar tausend solcher Erdendinge ist dein ganzer innerer Besitz geknüpft. –. Mehr als geknüpft, mit den Wurzeln deines Lebens festgehalten daran… Wir besitzen unser Selbst nicht; von außen weht es uns an, es flieht uns für lange und kehrt uns in einem Hauch zurück"

---, nämlich in erinnerten Eindrücken (Gerüchen, Farben, Regungen…), die schon früher einmal in uns „genistet" haben. Der Sommer des Knaben kehrt in den Älteren zurück als „Hauch" von der früher erfühlten Außenwelt der Knabenzeit und der Alternde schafft daraus „SEIN" Gedicht des „Sommers", nämlich so, wie der Sommer in seiner Seele wurzelt.

Stefan George:

„Gemahnt dich noch das schöne bildnis dessen / Der nach den schluchtenrosen kühn gehascht, / Der über seiner jagd den tag vergessen, / Der von der dolden vollem seim genascht?

Der nach dem parke sich zur ruhe wandte, / Trieb ihn ein flügelschillern allzuweit, / Der sinnend saß an jenes weihers kante / Und lauschte in die tiefe heimlichkeit…/

Und von der insel moosgekrönter steine / Verliess der schwan das spiel des wasserfalls / Und legte in die kinderhand die feine / Die schmeichelnde den schlanken hals."

Tatsächlich knüpft schon der Anfang des Gedichts an frühe, vielleicht sogar noch kindliche Erfahrung an: in einer Art Selbstgespräch fragt sich das Ich, ob es „noch" „gemahnt" sei durch das „schönen Bildnis" dessen, der – zum Beispiel – „sinnend saß an jenes Weihers Kante…" Tatsächlich also steht ein Bild, ein verschwommener

„Hauch" von einem Bild, am Anfang. Das Bild wird dann im Verlauf des Gedichtes immer deutlicher und immer vielfältiger entfaltet. Das Wort „gemahnt" hat dabei einen sonderbar starken, ja fast aktiven Eigenwert. Es erinnert nicht mahnend an etwas, das nicht vergessen werden sollte, sondern wird verwendet als frage sich das Ich: „bist du noch empfänglich für die dich geheimnisvoll „gemahnende" Erfahrung von damals, die mit dem „schönen Bild" des Knaben verbunden ist?"

Das Bild WELCHES Knaben, fragt sich der Leser an dieser Stelle vielleicht, und er erfährt aus einer Reihe von Relativsätzen, dass dieser Knabe offensichtlich das Ich selber gewesen ist. Denn die Relativsätze offenbaren lauter intime, ja fast geheime Dinge, die nur das Ich selber wissen kann. Und im erinnernden Nennen dieser geheimnisvollen Erlebnisse in der Reihe von Relativsätzen vom Knaben, der das und das erlebt hat, entsteht allmählich das Gedicht:

„Fühlst du dich noch gemahnt" an das Bildnis dessen, der nach den Rosen in den Schluchten so „kühn gehascht" hat – heißt es zunächst –; der dann über seiner abenteuerlichen Jagd „den Tag vergessen" hat; und der schließlich vom süßen Saft der Blütendolden genascht hat? Fühlt sich das Ich nicht auch noch „gemahnt" an den Knaben, „der sich" damals – vielleicht von einem schillernd beflügelten Vöglein verlockt – an sein kühles grünumranktes Weiherplätzchen zurückgezogen und in die tiefe Heimlichkeit des dunklen Wassers (hinab) gelauscht hat? Und ist das Ich des Gedichtes nicht zudem immer noch „gemahnt" vom „schönen Bild" des Knaben, der wusste, dass an „seinem", des Knaben stillem Grund am Weiher, auch ein Schwan war, und hat der Schwan nicht abgelassen von seinem Spiel am Wasserfall und hat der Schwan nicht sogar den schlanken schönen Schwanenhals in die Kinderhand gelegt, die ihm schmeichelte?

Den schönen Knaben gibt es nicht mehr. Aber in dem an ihn „gemahnenden" Bild kommen die tief verwurzelten sommerlichen Eindrücke vor die Seele des Gemahnten und erneuern in ihm einen sommerlich-paradiesischen Lebensraum, in dem sich der schöne Schwan vertrauensvoll in die feine Kinderhand schmiegt, die ihm schmeichelt.

„Ja, das ist schön", sagt Clemens in Hofmannsthals Gespräch über Gedichte, nachdem Gabriel ihm dieses Gedicht gezeigt oder gar vorgelesen hatte. „Das ist der Zauberkreis der Kindheit, in dem reinen tiefen Spiegel unstillbarer Sehnsucht aufgefangen. ...Wie rein es ist! Es drückt einen grenzenlosen Zustand so einfach aus." Gabriel bestätigt das, meint aber dann, dass jedes Gedicht, das ein Naturgeschehen beschreibe, nicht dieses allein meine. Jedes drücke zudem „einen tiefen Zustand des Gemüts" aus, den aber SO, dass keine andere abstrakte „Bedeutung" dafür eingesetzt werden könne, denn es seien "Chiffren, welche aufzulösen die Sprache ohnmächtig" sei. Nur die Wörter und Bilder aus dem Gedicht selber können das Bedeutete ausdrücken. Und Gabriel erläutert „Wovon unsere Seele sich nährt, das ist das Gedicht, in welchem WIE IM SOMMER-ABENDWIND, der über die frischgemähten Wiesen streicht, zugleich ein Hauch von Tod und Leben zu uns herschwebt...eine Ahnung des Blühens, ein Schauder des Verwesens...Jedes vollkommene Gedicht ist ...Sehnsucht und Erfüllung zugleich..."

Ein anderes Sommergedicht Georges beginnt mit der Zeile: „Ruhm diesen wipfeln! dieser farbenflur!". In Hofmannsthals „Gespräch über Gedichte" wird darüber nichts gesagt, und so soll der Versuch gemacht werden, es nach den Vorgaben Gabriels aus diesem Gespräch zu verstehen.

Stefan George: aus „Sieg des Sommers".

„Ruhm diesen wipfeln! dieser farbenflur! / Sie lehrten uns das glück in seinem flüchten / Zu streifen und es bleibt noch zarte spur / An unsrer hand wie schmelz von reifen früchten. /

Schon weht das wimpel und es säumt nicht mehr / Aus scheidestunden werden tränen rinnen. / Ob einer zweifelhaften wiederkehr / In offnem schmerze zogest du von hinnen. /

Ich aber horche in die nahe nacht / Ob dort ein letzter vogelruf vermelde / Den schlaf aus dem sie froh und schön erwacht – / Der liebe sachten schlaf im blumenfelde."

Als „Hauch" aus der Außenwelt, der dieses Gedicht hervorruft, fungieren hier herrliche, des Rühmens werte Baumwipfel und eine „Farbenflur" – vielleicht die eines prachtvollen Sonnenunterganges. Denn, das zeigt die letzte Strophe: die Nacht ist schon nahe, es ist also Abend und das Sommergedicht ist zugleich ein Abendlied. So lässt das Wort „Farbenflur" an das breit gefächerte Farbenspiel eines Sonnenuntergangs denken, dessen Streiflicht den Himmel farbig macht und grüne Hügel hell aufleuchten lässt. Baumwipfel und Farbenflur spiegeln hier zudem tatsächlich Seelen-Zustände, und zwar glückhaft erfahrene Seelenzustände, denn sie „lehrten" jemanden, „das Glück" – wenigstens – „zu streifen". WEN nun lehrten Baumwipfel und Farbenflur das Glück zu streifen? Alle Menschen?, alle, die die Wipfel und das breite Farbenspiel sehen? Nein, in dem „uns" scheint es sich um das intime „uns" eines Liebespaars zu handeln, denn dabei wird diesem „uns" nicht irgendein kleines Glückserlebnis vermittelt sondern „Das Glück" schlechthin: Wipfel und Farbenspiel lehren die beiden, „das Glück" – wenigstens „zu streifen".

Das Verb „streifen" dürfte aber andeuten, dass die beiden das Glück nicht ganz und gar „haben" sondern nur andeutungsweise an seinen Rändern erfahren konnten. Gabriel hatte gemeint, „wovon unsere Seele sich nährt", das sei das Gedicht, in welchem zugleich ein Hauch von Tod und Leben zu uns herschwebt, eine Ahnung des Blühens, ein Schauder des Verwesens…" Entsprechend erleben wir Menschen auch das „Glück" nicht als gesichert glückhafte Dauer sondern in seinem „Flüchten", in seiner ständig präsenten Vergänglichkeit. Wie Schmelz von reifen Früchten haftet das Glück noch einen Augenblick an den Händen derer, die es sich gereicht haben. Dieser Gabriel hat recht, das Gedicht, dieses Gedicht jedenfalls, zeigt zugleich den Anhauch von Leben UND Tod, die Ahnung des Blühens UND die Schauder des Verwesens, das ALLES Lebendige, alles Irdische durchzieht.

Die zweite Strophe führt die „Lehre" vom flüchtigen Glück weiter in Richtung auf dessen schmerzhaftes Ende: Die Wimpel (am weitertreibenden Lebens-Schiff) „säumen", nicht länger, aus „Scheidestunden" des Glücks werden nun Tränen rinnen. Und ob das Glück wiederkehrt, ist zweifelhaft: in offenem Schmerz „zog" das geliebte Du inzwischen bereits davon.

In der dritten Strophe „horcht" das allein zurückgebliebene Ich in die allmählich beginnende Nacht hinein auf ein Zeichen, auf einen letzten Vogelruf etwa, der „vermelde", dass die verlorene „Liebe" jetzt nur schlafe, und also in einem Schlaf liege, aus dem sie froh und schön erwachen wird. Damit aber würde diese Liebe SO erwachen, wie die Blumen aus einem abgeblühten Blumenfeld nach der Winterpause im Frühling wieder erwachen, natürlich und lebendig.

Das Ich wartet auf ein Zeichen aus der Außenwelt der Natur, um das Schicksal der Dinge aus der Innenwelt richtig zu deuten. Das ist möglich, weil der Mensch wie die gesamte sichtbare Welt zum Irdischen gehört Es ist aber auch deshalb möglich, weil der Mensch an der Grenze zum Über-Irdischen zu Hause ist und daher in der Natur „Zeichen" des Schöpfergottes erfassen kann. Gabriel meint in Hofmannsthals „Gespräch über Gedichte", der Schöpfergott habe mit den geschaffenen Lebewesen zugleich „lebendig geheimnisvolle Chiffren" in die Welt gesetzt, mit denen er „unaussprechliche Dinge in die Welt geschrieben" habe. Mit den Augen der Poesie könne der Mensch diese geheimen Schriftzeichen erfassen. Dabei legt er Wert darauf, dass die Augen der Poesie nichts anderes sehen als die der anderen auch; mit den Augen der Poesie sehe der Mensch aber „jedes Ding jedesmal zum erstenmal" und er sehe jedes Einzelding zusammen mit allen „Wundern", die dessen Dasein umgeben. Mit solchen poetischen Augen gesehen seien die realen Lebewesen der äußeren Welt „Hieroglyphen", also Schriftzeichen, „lebendig geheime Chiffren, mit denen Gott (sonst) un-aussprechliche Dinge in die Welt geschrieben" habe. Aus diesen durch poetische Augen ent-schlüsselbare Botschaften schafft der Mensch seine innere Welt, die Welt seiner seelischen Erfahrungen, also auch das „Jahr seiner Seele". Und Gabriel fügt hinzu: „Glücklich der Dichter, daß auch er diese göttlichen Chiffren in seine Schrift verweben darf." So „bedeuten" die Chiffren und Zeichen etwas, aber sie bedeuten es SO, dass das Bedeutete in der Sprache des Gedichts ausgedrückt bleiben muss und in keine abstrakte Bezeichnung aufzulösen ist. Das Ich des Gedichts sucht daher in der lebendigen äußeren Welt nach Zeichen des Schöpfergottes, mit denen DER Hinweise gibt auf sein Schicksal und auf das seiner sommerlichen Liebe. Vielleicht ist ihr ein Frühling bestimmt – wie den Blumen im Beet des Winters.

Auch Gottfried Keller erwartet von der Natur Botschaften darüber, was er für sein Leben und sein Seelenleben erwarten kann. In einem Gedicht mit der etwas bürokratisch wirkenden Überschrift: „Aus der Brieftasche I" beobachtet er Rosen und Lilien in ihrem lebendigen Blühen, um darin verborgene Lehren zu finden für sein eigenes menschliches Dasein. Obwohl das Gedicht mit winterlichen Eindrücken beginnt, ist es ein Sommergedicht, ja ein Hochsommerlied, denn es handelt von Erfahrungen aus der Zeit „Nun, da der Sommer glüht und glänzt". Kellers Gedicht indes versteht die versteckte Botschaft der blühenden Blumen nicht trostlos, aber doch ganz ohne die Andeutung auf das Blumenbeet, aus dem nach dem Winterschlaf neues Leben erwachen könnte:

Gottfried Keller: „Aus der Brieftasche I"

„Ich hab in kalten Wintertagen, / In dunkler, hoffnungsarmer Zeit / Ganz aus dem Sinne dich geschlagen, / O Trugbild der Unsterblichkeit. /

Nun, da der Sommer glüht und glänzet, / Nun seh' ich, daß ich wohlgetan! / Aufs neu hab' ich das Haupt bekränzet, / Im Grabe aber ruht der Wahn. /

Ich fahre auf dem klaren Strome, / Er rinnt mir kühlend durch die Hand, / Ich schau' hinauf zum blauen Dome / Und such' – kein beßres Vaterland. /

Nun erst versteh' ich, die da blühet, / O Lilie, deinen stillen Gruß: / Ich weiß,

wie sehr das Herz auch glühet, / Daß ich wie du vergehen muß! /

Seid mir gegrüßt, ihr holden Rosen / In eures Daseins flücht'gem Glück! / Ich wende mich vom Schrankenlosen / Zu eurer Anmut froh zurück! /

Zu glühn, zu blühn und ganz zu leben, / Das lehret euer Duft und Schein, / Und willig dann sich hinzugeben / Dem ewigen Nimmerwiedersein!"

Schon in den dunklen und an Hoffnung sowieso armen Wintertagen hat dieses Ich sich das „Trugbild" verboten, wonach der Mensch trotz des Todes unsterblich sei. Nun, wo dieses Ich den glühenden und glänzenden Sommer erlebt, nun sieht es erst, WIE sehr zurecht es diesem Trugbild abgeschworen hat. Nun im glühenden Sommerleben erfährt dieses Ich Lebensfreude, als habe man ihm sein „Haupt bekränzt", und im Grabe ruht – vom Ich selbst hinabgestoßen – der „Wahn", unsterblich sein zu wollen. Was hat dieses Ich im sommerlichen Leben so froh, und was hat es so sicher gemacht, dass der Wunsch auf ein Leben nach dem Tod nur ein Wahn ist? Die Strophe drei nennt noch keine wirklichen Gründe dafür: das Ich fährt auf seinem sommerlichen Lebensschiff realistisch und ohne mystische Bedürfnisse auf dem „klarem" (Lebens-)Strome dahin, und selbst wenn dieses zufriedene Ich zum blauen Himmels-Dome hinaufschaut, fühlt es sich wohl in diesem bloß irdischen und SUCHT KEIN bessres Vaterland! Die vierte und fünfte Strophe indes bringen nun doch eine Begründung, warum er nach dem Tod kein Weiterleben erwartet: Das Ich in diesem Sommerlied hat sich das Dasein der blühenden Lilien angeschaut: die leben, die haben sichtbar Anteil am blühenden, ja sogar am sommerlich „glühenden" Leben, wie dieses Ich es auch an sich selber spürt. Und so schließt das Ich vom Blumenleben auf sein eigenes und folgert: „Ich weiß, wie sehr das Herz auch glühet, / Daß ich wie du vergehen muß!" Wie vorher im Gedicht Georges hat auch dieses lyrische Ich nach verborgenen Botschaften des Schöpfergottes gesucht. Dieses Ich aber zieht den eher umgekehrten Schluss: trotz ihres intensiv „glühenden" Lebens werden die Lilien verblühen, und also muss auch es vergehen. Nicht genug damit wendet sich der Blick des Antwort Suchenden nun zu den „holden Rosen" und er sieht auch sie in ihres Daseins „flücht'gem Glück." Damit wird aber eher wieder eine Gemeinsamkeit mit Georges Gedicht evident: Das irdische Dasein ist nicht glücklos, selbst im Rosenleben gibt es „Glück", aber das irdische Glück ist „flüchtig", irgendwann ist es vorbei und vorüber. Aber während das Ich bei George prüft, ob der Schöpfergott nicht Anzeichen verborgen habe, aus denen wie aus einem verblühten Blumenbeet neues Leben sprießen könnte, verzichtet Kellers Gedicht auf diese Suche. Das Glück, das „flücht'ge Glück des Daseins beruht bei Blume und Mensch darauf: „Zu glüh'n, zu blüh'n und ganz zu leben", das Leben selbst ist der Sinn des Lebens. Auch bei Keller weiß das Ich das nicht aus der Beobachtung und Erfahrung des eigenen Innern sondern aus dem vergleichenden Blick auf das Leben anderer Kreaturen: „Das lehret" der Lilien und Rosen „Duft und Schein", und so soll der Mensch sich NACH diesem gelebten Sein willig hingeben dem „Nimmerwiedersein."

Auch bei Morgenstern findet der Mensch geheimnisvolle Offenbarungen, wenn er sich in anderes Geschaffenes der Außenwelt hineindenkt, hier zum Beispiel in das spätabendliche Schweigen auf dem Hochland, das – zögernd und allmählich – verborgene Sterne entschleiert:

Christian Morgenstern: „Hochlandschweigen

Stille, Stille … nur des Baches / fernes Rauschen in der Kluft / und des Abendwindes schwaches / Flügeln durch die helle Luft. /

Wettertanne ruht und feiert. / Gipfelgold vergeistert sacht. / Und ein zart Gewölk entschleiert / zögernd das Gestirn der Nacht."

Bei George deutete nur das Bild vom (winterlich) schlafenden Blumenfelde, darauf hin, dass das Gedicht IN dem Bild nach einem Frühlingserwachen fragt; bei Keller wurde das (wahnhaft) gesuchte Abstraktum, die „Unsterblichkeit" deutlich beim Namen genannt; in diesem Gedicht von der stillen Hochsommernacht dagegen entschleiert sich das „Gestirn der Nacht" ohne jeden Hinweis auf dessen tiefere Bedeutung. Das entschleierte Gestirn offenbart – „sich", also allenfalls „seinen Sinn" So könnte man an ein Lied Brentanos denken und seine Zeile (es) „wehet der Sterne heiliger Sinn bis zu mir hin…"

In einem anderen Gedicht Morgensterns identifiziert sich das lyrische Ich mit einem Wald, der von der dunkelnden Sommernacht „be-schwiegen" und von den Strahlen der Sterne „durchlauscht" wird. Dabei hat das menschliche Ich zugleich geheimnisvollen, ja mystischen Anteil an der den Wald beschweigenden Nacht. Und während die Dinge der Außenwelt, der Wald, die Nacht, das Moos, der Hirsch, der Strom in ihrem Sein begrenzt bleiben, scheint das Ich changierend und entgrenzt in alle einzufließen. In der wiederkehrenden vergangen vertrauten Beziehung (meiner Seele Braut) verwandelt das Ich den Wald in den seiner Seele.

Christian Morgenstern: „An den Wald

Wie wärst du mir so tief vertraut, / wär deine schauernde Seele nicht / seit meiner Jugend erstem Licht / meiner schauernden Seele Braut! /

Ich muß dich nicht erst suchen gehen, / ich fühle dich so tief wie mich; / wenn dunkel deine Wipfel wehn, / erschaur' ich mit, dein andres Ich. /

Ich bin das Moos auf deinem Grund / und bin der Hirsch, der dich durchsteigt, / und bin dein höchstes Vogellied, / und bin die Nacht, die dich beschweigt:/

Mit tausend Sternen dich beschweigt, /mit tausend Strahlen dich durchlauscht, / und bin der Strom, der dich durchrauscht, / und mich, die Nacht, mir selber zeigt."

Aber nicht immer ist der gefühlte Zusammenhang zwischen Ich und Außenwelt oder auch zwischen den einzelnen Naturdingen so harmonisch. Mensch, Welt und Natur ziehen nicht immer an einem Strang. In einem anderen Gedicht Morgensterns hat ein einzelnes Naturgeschöpf einen gnadenlosen Kampf gegen die ganze andere Schöpfung angesagt: es ist das Meer, das das „Land" und damit die Welt der Menschen vernichten will. Das Meer hat diesen Kampf drohend bereits begonnen, und wenn der Schöpfungsplan kein unverhofft verborgenes „Bis-hierher-und-nicht- weiter" eingebaut hat, so dürfte es diesen Kampf zähneknirschend gewinnen.

Christian Morgenstern: „Meeresbrandung

Warrrrrrrte nur… / wie viel schon riß ich ab von dir / seit den Äonen unsres Kampfs - / warrrrrrte nur… / wie viele stolze Festen wird / mein Arm noch in die Tiefe ziehn – / warrrrrrrte nur … / zurück und vor, zurück und vor / und immer vor mehr denn zurück – / warrrrrrrte nur … / und heute mild und morgen wild – / doch nimmer schwach und immer wach – / warrrrrrte nur ... / umsonst dein Dämmen, Rammen, Baun, / dein Wehr zerfällt, ich habe Zeit – / warrrrrrte nur... / wenn erst der Mensch dich nicht mehr schützt – / wer schützt, verloren Land, dich dann? / warrrrrrte nur... / mein Reich ist nicht von seiner Zeit: / er stirbt, ich aber werde sein – / warrrrrrte nur... / und will nicht ruhn, bis daß du ganz / in meinen Grund gerissen bist – / warrrrrrte nur... / bis deiner höchsten Firnen Schnee / von meinem Salz zerfressen schmilzt – / warrrrrrte nur.../ und endlich nichts mehr ist als Ich / und Ich und Ich und Ich und Ich - / warrrrrrte nur......"

In Zeiten, wo man erkannt hat, wie rücksichtslos und wie lange der Mensch die mitgeschaffene Natur ausgebeutet, bekämpft und übervorteilt hat, und wie es dem Menschen seinerseits längst gleichgültig wäre, wenn am Ende nichts mehr da wäre als Er und Er und das, was NUR IHM nützt, – nach „Äonen" solcher Zeiten kann man dieses wütende Meer verstehen, das nun seinerseits zurückschlagen will – gegen den Menschen und gegen das ihm untertan gewordene Festland, vielleicht gedacht als Sintflut wegen unterlassenem Klimaschutz?

Mit dem August geht der Hochsommer zu Ende, oder viel schöner gesagt: der Hochsommer „gipfelt" in diesen letzten Augusttagen. Morgenstern, der große Sprachkünstler, hat auch zu diesem Ereignis ein höchst passendes und wunderschönes Gedicht gemacht, und passend ist es hier auch insofern, als es WIRKT, als habe Morgenstern die hohen Erwartungen erfüllen wollen, mit denen laut Hofmannsthal „Gedichte" die menschliche Seele nähren:

Christian Morgenstern: „Ein einunddreißigster August

Das war der letzte, leuchtende August: / Der Sommer gipfelte in diesem Tage. / Und Glück erklang wie eine Seegrundsage / in den Vinetatiefen unserer Brust.

Ein leises fernes Läuten kam gegangen – / und welche wollten
selbst die Türme sehn, / in denen unsres Glückes Glocken schwan-
gen: / so klar ließ Flut und Himmel sie verstehn.

Der Tag versank. Mit ihm Vinetas Stunde. / Septembrisch ward
die Welt, das Herz, das Glück. / Ein Rausch nur wie von Tönen blieb
zurück / und schwärmt noch über dem verschwiegenen Grunde."

Poesie entzünde sich, so hörten wir von Hofmannthals Gabriel,
an einem glückhaften kleinen An-„Hauch" von der Außenwelt, der
in dem Betroffenen ein vergangenes Gefühl zurückrufe; und, so hörten wir, wovon „unsere Seele sich nährt" sei DAS Gedicht, „in welchem wie im Sommerwind" „ein Hauch von Tod UND Leben" zu
uns „herschwebe", „Sehnsucht und Erfüllung zugleich". All das
werden wir in diesem Gedicht finden, sobald wir das Schlüsselwort
„Vineta-Tiefe in unserer Brust" verstanden haben:

„Vineta" war eine reiche, schöne und sündige Stadt an der Ost-
see, die – laut einer alten „Seegrundsage" – untergegangen ist, deren
Umrisse und Schatten bisweilen aber sichtbar, deren Festglocken
bisweilen hörbar sein sollen. Sie bildet den Ausgangs-Anhauch des
Gedichts: Es „war der letzte leuchtende August", in dem der Sommer „gipfelte" und „Glück erklang". Das übermütige Glück Vinetas
wurde an diesem Tag wieder einmal hörbar, und das zum einen auf
dem Grund des Meeres, wo die sündige lebensfrohe Stadt versun-
ken liegt, und andererseits in der „Vinetatiefe unserer Brust", in der
deren sündiges Glück in der Gegenwart des Augusttages hörbar
nachklingt. Diese zwei Zeiten und zwei Welten beginnen nun in den
hochsommerlichen Meereswellen ineinander zu verschwimmen: ge-
genwärtiges Sommerglück „erklingt", vermischt und durchflutet
von dem der sagenhaften tiefen Vergangenheit.

Mit dem Tageslicht des letzten Sommerglückstags verloschen
beide Welten, Die Welt, die Seele („Herz"), das Glück wurden „septembrisch". Aber etwas davon blieb und „nährt" noch die bereits
septembrische Seele: „Ein Rausch nur wie von Tönen blieb zurück

und schwärmt noch über dem verschwiegenen Grund." Aber der
Grund, der sich geöffnet und das Geheimnis hat ahnen lassen, ist
wieder zu und „verschwiegen" wie vordem.

„Herr: es ist Zeit. Der Sommer war sehr groß."
– September –

Langsam vergeht der Sommer, aber er vergeht langsam! Selbst nach dem Kalender hat er zum Septemberbeginn noch volle drei Wochen, ehe der einfühlsame Dichter dem Herrgott einvernehmlich zugestehen muss, „es ist Zeit" für erste Herbsttage, und das ist recht so, denn: „Der Sommer war sehr groß."

Rainer Maria Rilke: „Herbsttag

Herr: Es ist Zeit. Der Sommer war sehr groß. / Leg deinen Schatten auf die Sonnenuhren, / und auf den Fluren laß die Winde los. /

Befiehl den letzten Früchten voll zu sein; / gieb ihnen noch zwei südlichere Tage, / dränge sie zur Vollendung hin und jage / die letzte Süße in den schweren Wein …"

Die späten, die „südlicheren" Sommertage, die das Gedicht geradezu beschwörend noch erwartet, sind wichtig dafür, dass der „große" Sommer seine Bestimmung erfüllen kann: die Früchte „voll" zu machen, sie alle, jede Frucht auf IHRE Weise, „zur Vollendung hin" zu „drängen" und letzte Süße in den „schweren Wein" zu „jagen". Erst mit diesen südlicheren Spätsommertagen „vollendet" der Sommer sein Werk, indem er „sonnig, erdig, hiesig (d.h. irdisch, erd-gemäß!)" „diese Süße" zum Beispiel in einem Apfel sich verdichten lässt: In einem Gedicht (Sonette an Orpheus, I,13) formuliert Rilke:

„Wagt zu sagen, was ihr APFEL nennt. / Diese Süße, die sich erst verdichtet, / um im Schmecken leise aufgerichtet, /

klar zu werden, wach und transparent, / doppeldeutig, sonnig, erdig, hiesig –: / O Erfahrung, Fühlung, Freude –, riesig!"

Jede Frucht hat auf ihre Weise das Licht des Sommers, seine Hitze und seinen Regen in sich aufgenommen und sich, dem eigenen Samen oder eben den eigenen „irdischen" Anlagen gemäß, anverwandelt, und so hat der Sommer all dieses Reifen der Früchte bewirkt. Rilke beschäftigt sich sogar in seinem „Requiem für eine Freundin" mit diesem Aspekt des sommerlichen Werdens der Früchte, denn die verstorbene Freundin ist die Malerin Paula Modersohn-Becker, die ihrerseits sich auf das Werden der „irdischen" Früchte verstanden hat , weil sie es gemalt und dargestellt hat.

Rainer Maria Rilke: aus „Requiem für eine Freundin

… Früchte will ich kaufen, Früchte, drin / das Land noch einmal ist, bis an den Himmel. / Denn das verstandest du: die vollen Früchte. / Die legtest du auf Schalen vor dich hin / und wogst mit Farben ihre Schwere auf."

Das „Land" bis hinauf in die Himmel darüber „ist" insofern „noch einmal" in den Früchten „drin", als diese Früchte voll wurden, indem sie sich die sommerliche Landschaft mit ihrem Äther darüber, mit ihrem Licht, mit ihrer Wärme und mit ihrem Regen anverwandelt haben, um sich daraus ihre volle Reife anzusaugen. Und an den Bildern der Freundin Paula sieht Rilke, dass diese Künstlerin nicht nur das Werden dieser irdischen Früchte so als Reifen aus der irdischen sommerlichen Umgebung gesehen hat: analog zu den Früchten sah SIE auch die Menschen, die Frauen und Kinder SO werden und SO reifen. Ja sogar sich selbst und ihre Schwangerschaft (Paula Modersohn starb ja im Kindsbett!) hat diese Künstlerin nach dem Muster langsam sommerlich reifender und herbstlich vergehender Früchte gestaltet. Im „Requiem" heißt es weiter:

„Und so wie Früchte sahst du auch die Fraun / und sahst die Kinder so, von innen her / getrieben in die Formen ihres Daseins. / Und sahst dich selbst zuletzt wie eine Frucht, / nahmst dich heraus

aus deinen Kleidern, trugst / dich vor den Spiegel, ließest dich hinein / bis auf dein Schauen; das blieb groß davor / und sagtest nicht: das bin ich, nein, dies ist…"

Alle irdischen Geschöpfe „sind" solche „Früchte", sie reifen aus ihren spezifischen Anfängen allmählich sich wandelnd aus den Zutaten ihrer Landschaft und des Himmels darüber, und deshalb sagt die Künstlerin, die das darstellt, auch in IHREM Fall nicht: „das bin ich" sondern sagt auch von sich – wie von allem, was sie so gemalt hat – „dies IST", dies ist irdisches Dasein, „sonnig, erdig, hiesig", in irdischen Jahreszeiten gewordene, sich wandelnde Gestalt. Auch ihre Gestalt und die werdende „Frucht" ihres Leibes „sind" so, und so trug sie ihren schwangeren Leib vor den Spiegel, um ihn „so" zu malen. Und nur „ihr Schauen, DAS blieb groß davor", DAS wurde nicht in den Spiegel eingebracht, es blieb „groß" daVOR, es ist größer als das Irdische… Die Früchte aber sind irdische Geschöpfe, hervorgebracht aus der erdigen Pflanze und genährt von der Landschaft und deren Himmel darüber und damit vor allem von deren Sommer, der ihre Reife vollendet.

Dass Himmlisches und Irdisches sich vermischend zusammenwirken, damit irdisches Leben entstehen und werden kann, das vermittelt auch Hölderlin in seinem Preisgedicht an den „unsterblichen Äther":

Aus Friedrich Hölderlin: „An den Äther (Entwurf)

Der du mich auferzogst und überall noch geleitest, / Hoher Gespiele des Gottes in uns … / …unsterblicher Äther…/ Sieh! es ruht, wie ein Kind in deinem Schoße die Erde, / Süßbelebend hauchst du sie an, mit schmeichelnden, zarten / Melodien umsäuselst du sie, mit Strahlen der Sonne / Tränkest du sie, mit Regen und Tau aus goldener Wolke. / Und es gedeiht vor dir ihr tausendfältiges Leben, / … und ringen und streben / Alle nach dir empor in unaufhaltsamem Wachstum. /

Liebender! sucht nicht dich mit ihren Augen die Pflanze, / Streckt nach dir die schüchternen Arme der knospende Strauch nicht? / Daß er dich finde, zerbricht der gefangene Same die Hülse, /…/ Auch die Fische kommen herauf und hüpfen verlangend / Über die glänzende Fläche des Stroms, als begehrten auch sie dich…"

Wunderbar ist aber auch, wie Rilke selber dieses geduldige, fleißige, ja (der Natur) „dienende" Reifen der fruchttragenden Bäume und Pflanzen in seiner Sprachkunst zum Ausdruck bringen kann:

R.M. Rilke: „Der Apfelgarten

Komm gleich nach dem Sonnenuntergange, / sieh das Abendgrün des Rasengrunds; / ist es nicht, als hätten wir es lange / angesammelt und erspart in uns, / um es jetzt aus Fühlen und Erinnern, / neuer Hoffnung, halbvergeßnem Freun, / noch vermischt mit Dunkel aus dem Innern, / in Gedanken vor uns hinzustreun / unter Bäumen wie von Dürer, die / das Gewicht von hundert Arbeitstagen / in den überfüllten Früchten tragen, / dienend, voll Geduld, versuchend, wie / das, was alle Maße übersteigt, noch zu heben ist und hinzugeben, / wenn man willig, durch ein langes Leben / nur das Eine will und wächst und schweigt."

Das Gedicht hat vier vierzeilige Strophen, die aber bilden nur einen einzigen langen Satz! Der allerdings ist durch Enjambements (Zeilensprünge) und atemschaffende relative Einschübe kunst- und spannungsvoll gegliedert. Die beiden ersten Strophen zeigen inhaltlich, wie – nach Rilkes Vorstellung – der sehende Mensch das Gesehene in „Inneres" verwandelt: Ein „DU" ist aufgerufen, gleich nach dem Sonnenuntergang in den Apfelgarten zu kommen und zunächst nur dessen abendliches Rasengrün zu „sehen" („sieh das Abendgrün"). Ist DAS nicht SO, „als hätten wir" (das Ich des Gedichtschreibers und das aufgerufene Du) dieses Abendgrün durch viel früheres Sehen „angesammelt", ja an-„gespart", sodass es jetzt von den beiden „aus Fühlen" und „Erinnern", aus Hoffendem und

halb vergessenem „Freuen" ganz frisch als DIESES heutige Abendgrün des Rasens von diesen beiden „hingestreut" sei?

Die dritte Strophe bringt nun ein wunderbares Bild, das eher wie
eine innere Vorstellung wirkt als ein wirklich Gesehenes: auf diesem
vollendeten Grün des Rasens stehen Apfelbäume, wie von Dürer gemalt. Und diese Apfelbäume tragen in ihren schon überreifen Äp-
feln das Gewicht von „hundert Arbeitstagen" der Bäume, denn die
haben, der Natur „dienend" und „voll Geduld" zweieinhalb Monate
lang IHRE „Arbeit" als Apfelbäume getan, nämlich: „versucht",
WIE – und das ist der zweite weiten Atem schaffende Einschub –
DAS an ihrer langen Saisonarbeit ALLE Maße noch Übersteigende
doch noch gelingen könnte! Damit zeigen diese Apfelbäume, WIE
dieses ALLES Übersteigende noch weiter „zu heben", noch mehr zu
erhöhen ist. Damit zeigen sie, was alles möglich ist, wenn „man"
durch ein langes Leben hindurch – wie diese arbeitenden Apfelbäume! – „nur das Eine will, nämlich Früchte tragen und also
schweigend und konzentriert: selber „wachsen".

Der letzte Gedanke, die Lehre aus diesem Vorbild der Apfelbäume, wirkt wie für Menschen gesprochen, aber „natürlich" dürfte
es beim Leben der Blumen nicht viel anders zugehen. Rilke zeigt
das sommerliche Reifen der Blumen zum Beispiel an einer blauen
Hortensie:

Rainer Maria Rilke: „Blaue Hortensie

So wie das letzte Grün in Farbentiegeln / sind diese Blätter, trocken, stumpf und rauh, / hinter den Blütendolden, die ein Blau /
nicht auf sich tragen, nur von ferne spiegeln. /

Sie spiegeln es verweint und ungenau, / als wollten sie es wiederum verlieren, / und wie in alten, blauen Briefpapieren / ist Gelb
in ihnen, Violett und Grau; /

Verwaschnes wie an einer Kinderschürze, / Nichtmehrgetragnes, dem nichts mehr geschieht: / wie fühlt man eines kleinen Lebens Kürze. /

Doch plötzlich scheint das Blau sich zu verneuen / in einer von den Dolden, und man sieht / ein rührend Blau sich vor dem Grünen freuen."

Das Sonett (2 Vierzeiler, 2 Dreizeiler) gilt als große, feierliche Form – Rilke wendet sie an, um „eines kleinen Lebens Kürze" zu beschreiben, und das „kleine Leben" im Blau einer spätsommerlichen Hortensie verdient die große Form, denn im Kleinen „spiegelt" dieses langsam verbleichende Blau das Werden und Vergehen insgesamt und damit das „große Leben" alles Lebendigen: Der heiße, große, lange Sommer hat die Blätter der Hortensie trocken, stumpf und rauh gemacht, ihr Grün ist nicht mehr frisch sondern verwaschen wie das letzte Grün in Farbentiegeln, das schon die Tendenz hat, ins Gelbliche und Braune überzugehen. Und das Blau der Hortensiendolden wirkt ebenfalls wie verwaschen: es „spiegelt" die Farbe nur ungenau, wie verwaschen ist es dabei, in Gelb und Violett und Blau überzugehen. Und die Wörter „verweint" und „verlieren" schaffen ein Umfeld von Trauer und Resignation dabei und deuten an: die verwaschen blaue Hortensie wird alt und reift dem Tod entgegen. Die dritte Strophe mit dem Bild von der verbrauchten Kinderschürze verstärkt diesen Aspekt: wie eine verwaschene Kinderschürze wird das Blau der verbleichenden Hortensie nicht mehr gebraucht, wie eine abgetragene Kinderschürze „geschieht" ihm nichts mehr, denn es wird nicht mehr benützt, und so spiegeln das vergilbende Blau und die nicht mehr getragene Kinderschürze - beide - „eines kleinen Lebens Kürze." ABER: „Doch plötzlich scheint das Blau sich zu verneuen": die südlicheren Tage des späten Sommers lassen das verwaschene Blau noch einmal aufleuchten! Das Wort „verneuen" ist eine Wortschöpfung Rilkes, offenbar zusammengesetzt aus „ver-gehen" und „er-neuern" – Das abgelebte Blau kriegt im Alter noch einmal Farbe und Frische und Lebensfreude in einer seiner Dolden, vor dem Hintergrund des Grünen „freut" es sich seiner abgehoben anderen Farbe, der Beobachter sieht – „gerührt!" – ein „rührend Blaues sich vor dem grünen Hintergrund seines „verneuten Blaus" „zu freuen"! Das letzte Wort des Gedichtes zeigt, dass auch das Altwerden, das Sterben und Vergehen zum Leben gehört und nicht nur traurig die Vergänglichkeit spiegelt. Die letzten südlicheren Sommertage bringen die letzte Süße in die Früchte. Bei den Pflanzen bewirken sie eher ein langsames Vertrocknen, ein Absterben, das sich im Verblassen der Farben zeigt; beide Vorgänge aber gehören zum sommerlichen Reifen und Leben. Das Gedicht zeigt nicht nur „eines kleinen Lebens Kürze" sondern belegt, dass auch ein kleines Leben bis zum Ende – freudig – zum Leben gehört.

So soll und will der irdische Sommer ausgekostet werden, von allen, die daran teilhaben und also nicht nur von den Menschen sondern auch von den fruchtenden Bäumen und den leise verblühenden Blumen. Georg Britting fasst denn auch in seinem Gedicht „Sommergefühl" solche Gefühle in den allgemeinen Wusch nach dessen „Bleiben" zusammen: (Kadenz 81)

Georg Britting: aus „Sommergefühl

Kurzer Sommer, glühender, bleib! Dein Anhauch / Zwar verdrießt das ängstliche Gras. Das Korn doch / Liebt dich, der sich rötende Wein. Die Grille / Singt dir ein Loblied, / Und die Lerche, wenn sie ins Blaue klettert, / Tut es trillernd, dir zu gefallen, und des / Wilden Klatschmohns purpurne Blüte ist ein / Feuriger Juhschrei! ..."

Dennoch, irgendwann im September wird „es Zeit", und der Sommer „bleibt" nicht. Peter Huchel hat das Ende des Sommers ins Bild einer widerwillig vergehenden Sommer-Sibylle gefasst, witzigerweise in der Form eines „umgekehrten" (gfe, gfe, dcdc, abba) Sonetts, denn es fängt mit zwei Dreizeilern an und endet mit zwei Vierzeilern, mit denen es normalerweise beginnt.

Peter Huchel: „Sibylle des Sommers

September schleudert die Wabe des Lichts / Weit über die felsigen Gärten aus. / Noch will die Sibylle des Sommers nicht sterben. / Den Fuß im Nebel und starren Gesichts / Bewacht sie das Feuer im laubigen Haus, / Wo Mandelschalen als Urnenscherben / Zersplittert im harten Weggras liegen. / Das Schilfblatt neigt sich, das Wasser zu kerben. / Die Spinnen reisen, die Fäden fliegen. / Noch will die Sibylle des Sommers nicht sterben. / Sie knotet ihr Haar in den Bäumen fest. / Die Feige leuchtet in klaffender Fäule. / Und weiß und rund wie das Ei der Eule / Glänzt abends der Mond im dünnen Geäst."

September-Licht breitet sich über grasfreie felsige Gärten, Nebel sind schon gefallen, im laubigen Haus unterhält die Sibylle des Sommers bereits auf harten Mandelschalen ein wärmendes Feuer. Die Schilfstengel sind nicht mehr straff und beugen sich, sodass ihre Wedel sich in die Oberfläche des stumpfen Wassers ein wenig eindrücken, die Spinnen „reisen" ab und Fäden von Altweibersommer fliegen: aber trotz dieser Herbstzeichen wird es zweimal ausgesprochen: „Noch will die Sibylle des Sommers nicht sterben". Sie, offenbar das „Bild" oder das „Gesicht des Sommers", will nicht vergehen, und so knotet sie ihr Haar an den Bäumen fest, dann kann das Gesicht ja nicht fort. Und über reifen Feigen, die faul werden und aufplatzen, zeigt das Schlussbild des Gedichts den herbstlichen Baum: sein Geäst ist dünn geworden, und durch die kahlen Äste ist wie ein Eulen-Ei der weiße Mond zu sehen – aber keine Haare und kein Sibyllengesicht mehr. Auch wenn sie es nicht wollte: Die Sibylle des Sommers ist vergangen. Das umgedrehte Sonett Peter Huchels verklingt in Moll.

Dazu passt ein – nicht umgedrehtes – Sonett von Rose Ausländer über das herbstliche Glocken-Blumen-Sterben

„Sonett in Moll:

Im Abendwinde schaukeln Blumenschwärme, / nicht ahnend, daß die Sterbestunde naht, / geküßt von Sternenkühle, Erdenwärme / und allem Sanften, das der Sommer hat. /

Wie glücklich sind die Glocken auf den Stengeln, / von Tod gestreift und dennoch: selig sehn / sie in das Leben, das sie nicht bemängeln, / an dessen Sinn sie duftend mitgeschn. /

So sei das Dasein aller schönen Wesen, / so sei ihr Sterben: ein Sich-sachte-Lösen / von den Berührungen der Nebenwelt. /

Der Abendwind singt, der so süß gewesen / im Leben und im Tod und kühlt des Bösen / gefurchte Stirn, eh sie verfällt."

Wer im September eine Bergtour macht, der weiß: noch gibt es die Glockenblumen ; bis in den Herbst hinein „schaukeln" sie sich auf ihren dünnen Stengeln, „geküßt" von der Sternenkühle der Nächte und von der Erdenwärme am Tag, und sie haben teil an „allem Sanften, was der Sommer hat". Ihr „seliges" Leben leben sie unbeirrt vom Schweren, vom Tod – solange, bis er sie ereilt hat und sie nicht mehr „sind" und sie sich von den Berührungen ihrer „Nebenwelt" – also vom Wind, vom Boden, der Sternenkühle – bereits sanft gelöst haben. Das lyrische Ich wünscht allen „schönen Wesen" – und das dürften ALLE Wesen sein, die „mitgeschehn" im irdischen Leben und Vergehen – solch ein sanftes Sich-lösen von dieser „Nebenwelt", wobei aber der engste liebe Partner dieser Glöckchen, der Abendwind, der sie lebenslang geschaukelt hat, ihrem Sterben das Schwere erleichtert.

Ganz ähnlich ist das Szenarium in einem Gedicht von

Peter Gan (1894-1974) „Herbst

Worüber sinnt die selbstversunkne Stunde? / Sieh, wie die letzte Biene sich vom Munde / der Glockenblume Glück und Honig schmeichelt; / und sieh den blassen Mond auf blauem Grunde, / wie zärtlich ihn die Silbersonne streichelt. /

Und Abschied nehmend, sieh, fällt von den Zweigen, / sich rot und golden sammelnd auf den Steigen, / das Laub, das Laub in dessen Sommerschatten, / in dessen mittagsmüdes grünes Schweigen / sich flüchtete das schläfernde Ermatten. /

Ein Apfel fällt und läßt uns leise wissen, / daß wir wie er zurück zur Erde müssen, / in der vielleicht die Toten an uns denken: / Traumbilder träumend an geträumten Flüssen, / die lautlos ihren Lauf ins Leere lenken."

Selbstversunkne Stunde, gerade im vergehenden Sommer mag es durchaus sowas geben, wenn die Tage noch länger sind als die Arbeitszeit und man sinnend in den Abend sieht. Und zweimal wird der sinnend Sitzende mit einem „sieh nur" aufgerufen, sich einzulassen auf das, was es zu sehen gibt: eine Biene, die letztes Glück und Honig aus einer Glockenblume schlürft, einen blassen Mond, der aus einer verblasst silbernen Sonne Zärtlichkeit erfährt, dann noch: wie das Laub, das in der sommerlichen Mittagssonne grünes Mattsein ermöglichte, nun sich sammelnd von den Zweigen fällt, rot und golden gefärbt. Und schließlich fällt ein gereifter Apfel vom Baum und erinnert den Sinnenden, dass wir wie er „zurück zur Erde müssen", von der wir – wie der Apfel und die Toten – „den Lauf ins Leere lenken".

Die Vergänglichkeit lässt die Sommerlieder „in Moll" ausklingen und in die Herbstmelodien übergehen, aber auch die haben oft strahlende und helle Harmonien:

Robert Walser: aus „Herbstnachmittag

„… Ich ging über das Land… Im Felde arbeiteten Männer, Kinder und Frauen, der goldene Kanal floß mir zur linken Seite, und zur rechten hatte ich die Äcker vor den Augen. Schlendrig ging ich weiter….Sonderbar ist es, daß ich mich an jede Kleinigkeit wie an eine

Kostbarkeit so deutlich besinne.... Erinnerungen sind Leben. So kam ich denn an manchem stattlich heiteren und behäbigen Bauernhaus vorbei, die Bäuerin beschwichtigte wohl etwa den Hund....Reizend ist es, still und gemächlich übers Land zu gehen und von ernsten, starken Bäuerinnen freundlich gegrüßt zu werden. Ein solcher Gruß tut wohl wie der Gedanke an die Unvergänglichkeit. Es öffnet sich ein Himmel, wenn Menschen freundlich miteinander sind. Die Nachmittags- und jetzt bald Abendsonne streute flüssiges Liebes- und Phantasiegold über die Straße und machte sie rötlich zünden. Es war auf allem ein Hauch von Violett, aber eben nur ein zarter, kaum sichtbarer Hauch. Hauch ist nichts Fingerdickes zum Greifen, sondern tastet und schwebt nur über dem sichtbaren und unsichtbaren Ganzen als ahnungsvoller Schimmer, als Ton, als Gefühl... Da wurde es im wunderbaren tönenden Land immer schöner. Jeder Schritt leitete in andere Schönheit hinein. Mir war es, wie wenn ich dichtete, träumte, phantasierte. ... Wundersam leuchteten die schönen Äpfel in der Abendsonne durch das dunkle Grün der Blätter, und über alle grünen Wiesen tönte ein warmes, heiteres Glockentönen. Prächtige Kühe..., über die saftigen Wiese verstreut... Es war wie ein Gemälde, von einem Meister hingezaubert. Der Buchenwald war braun und gelb; Grün und Gelb und Rot und Blau musizierten. Die Farben ergossen sich in die Töne, und die Töne spielten mit den göttlich schönen Farben wie Freunde mit süßen Freundinnen, wie Götter mit Göttern. Nur langsam ging ich unter dem Himmelsblau ... und langsam wurde es dunkel....Später kam ich am alten, großen ehrwürdigen Pfarrhaus vorbei. Jemand sang und spielte... Es waren herrliche Töne, wenigstens bildete ich es mir ein. Wie leicht ist es, auf einem stillen Abendspaziergang sich Schönes einzubilden..."

Der hier zuletzt zitierte Satz scheint die schöne Schilderung in das Reich der Phantasie zu versetzen, und so könnte es auch wirken, wenn der Spaziergänger meint, ihm war es, als wenn er dichtete, träumte, phantasierte. Aber all das schön Zusammen-phantasierte ist ja ganz real: Felder mit erntenden Leuten, eine Bauersfrau, die ihren bellenden Hund beschwichtigt und den Vorübergehenden grüßt, ein gelb und braun verfärbter Buchenwald, Kühe und Kuhglocken und ein anspruchsloses Musizieren, das aus dem Pfarrhaus dringt. Es sind Kleinigkeiten, die das Gemälde groß machen und den Maler als einen „Meister" – und den Spaziergänger als einen Dichter – ausweisen: „mir war es, wie wenn ich dichtete, träumte, phantasierte". Natürlich ist „dichten" hier zunächst im Sinn von „erfinden" gebraucht, um das Schön-erlebte noch zu steigern. Aber hier ist ein Dichter am Werk, der das verborgen Schöne der Welt verdichtet zeigen will, um es denen vor Augen zu führen, die es in seiner Unscheinbarkeit übersehen. Als der „Faust" der Gelehrtentragödie die Welt kritisiert und verflucht, singen die Geister: ‚Du hast sie zerstört, die schöne Welt, Baue sie wieder, baue sie auf. ‘ DAS tut der Dichter Robert Walser hier: Obwohl es nur Kleinigkeiten sind, zeigt er aus SEINER Sicht die überwältigende Schönheit und Größe dieser kleinen Dinge: denn die Welt erscheint nicht objektiv und für jeden gleich sondern wird geprägt durch die Wertungen und Zutaten dessen, der sie anschaut. Der Gruß der ernsten starken Bäuerinnen ist diesem spazierenden Dichter eine „Kostbarkeit", die zur lebensvollen Erinnerung wird, denn so ein Gruß „tut wohl wie der Gedanke an die Unvergänglichkeit". Was ist das Gemeinsame am „Gruß der Bäuerinnen" und am „Gedanken an die Unvergänglichkeit"? In beiden Dingen „öffnet sich ein Himmel", wenn diese Gedanken offenbar werden! Und dieser sich öffnende Himmel ist keine Übertreibung sondern – wie alle Gold-Dinge der Liebes- und der Phantasiewelt offenbaren sie sich im Irdischen nur als „ein Hauch". Und ein Hauch ist eben „nichts Fingerdickes zum Greifen. Sondern tastet und schwebt nur über dem sichtbaren und unsichtbaren Ganzen als ahnungsvoller Schimmer, als Ton, als Gefühl." Diesen „Hauch" aus geöffnetem Himmel spürt und vermittelt der dichtende Herbst-Spaziergänger. In diesen Sätzen zeigt Walser die tiefere Bedeutung des Wortes „dichten" aus seinem Hinweis, ihm sei es gewesen als ob er dichtete: hier gelingt es ihm, den „Hauch", einen „ahnungsvollen Schimmer" ins Wort zu fassen und SO festzuhalten, dass es erlebte Erinnerung werden kann, denn „Erinnerungen sind Leben"! Der aufmerksame Spaziergänger „ver-dichtet" die schönen kleinen äußerlichen Beobachtungen zu einem großen, meisterlichen Herbstgemälde. Vielleicht kann es auch Nicht-Dichter anregen, sich auf einem Herbstspaziergang Schönes „ein- zu-bilden" und als Erinnerung fürs eigene Leben zu bewahren.

Offenbar hat auch Georg Trakl solch „verklärte" Herbstbilder gesehen und gesammelt und ver-dichtet, ehe die sich für diesmal auf die Reise machen:

Georg Trakl „Verklärter Herbst

Gewaltig endet so das Jahr / Mit goldnem Wein und Frucht der Gärten. / Rund schweigen Wälder wunderbar / Und sind des Einsamen Gefährten. /

Da sagt der Landmann: Es ist gut. / Ihr Abendglocken lang und leise / Gebt noch zum Ende frohen Mut. / Ein Vogelzug grüßt auf der Reise. /

Es ist der Liebe milde Zeit. / Im Kahn den blauen Fluß hinunter / Wie schön sich Bild an Bildchen reiht – / Das geht in Ruh und Schweigen unter."

Der Untergang kann hingenommen und sogar akzeptiert werden, wenn man ihn – mit Hilde Domin – versteht als den Rückzug ins große Ganze:

Hilde Domin: „Rückzug

Ich bitte die Worte zu mir zurück / ich locke alle meine Worte / die hilflosen /

Ich versammle die Bilder / die Landschaften kommen zu mir / die Bäume die Menschen /

Nichts ist fern / alle versammeln sich / so viel Helle /

Ich ein Teil von allem / kehr mit allem / in mich zurück / und
verschließe mich / und gehe fort / aus der blühenden Helle / dem
Grün dem Gold dem Blau / in das Erinnerungslose"

„Des Sommers Wochen standen still, es stieg der Bäume Blut, jetzt fühlst du, dass es fallen will in den, der alles tut…"
– Oktober –

Nicht nur im Sommer, auch schon im Frühling „stieg der Bäume Blut" und nun, im Herbst „will" es „fallen in den, der alles tut." Die Säfte kehren heim, zurück in den, der sie ausgeschickt und ihr Steigen bewirkt hat. Rilke beschreibt das herbstliche „Fallen" der Säfte in der Rolle des Mönchs aus dem Stundenbuch, der still sein Leben in „wachsenden Ringen" um Gott „kreisen" lässt, um dessen Botschaften immer wieder aufnehmen zu können. So wird das Fallen des niedergehenden Jahres hinnehmbar, denn es wirkt irgendwie tröstlich wie eine Heimkehr, obwohl die zitierten Zeilen zu einem herbstlich bedrohlichen Sturmgedicht gehören, bei dem jede Zeile abgehackt für sich steht wie ein einzelner Orkanstoß: Mit dem Gedicht vom einfallenden Herbststurm beginnt Rilke das zweite „Stunden- Buch", das „Buch von der Pilgerschaft":

Rainer Maria Rilke:

„Dich wundert nicht des Sturmes Wucht, – / du hast ihn wachsen sehn; – / die Bäume flüchten. Ihre Flucht / schafft schreitende Alleen. / Da weißt du, der vor dem sie fliehn / ist der, zu dem du gehst, / und deine Sinne singen ihn / wenn du am Fenster stehst. /

Des Sommers Wochen standen still, / es stieg der Bäume Blut; / jetzt fühlst du, dass es fallen will / in den, der Alles tut. / Du glaubtest schon erkannt die Kraft, / als du die Frucht erfaßt, / jetzt wird sie wieder rätselhaft, / und du bist wieder Gast…"

Das Gedicht ist ein Selbstgespräch des Mönchs, der das göttliche Tun und Schaffen lange beobachtet. So wundert ihn nicht die wahnsinnige Wucht, mit der der Herbststurm einsetzt, die hat er in ihrem Entstehen beobachtet und erwartet. In dem starken Sturm biegen sich die Bäume, dabei schaffen sie baumfreie Räume, und wenn die sich wieder aufrichten, sieht das aus, als „wanderten" die baumfreien Alleen auf ihrer Flucht, und zwar offenbar in der Gegenrichtung des Windes. So sieht der Beobachter: die Bäume fliehen, und sie fliehen vor der Größe dessen, zu dem der beobachtende Pilger unterwegs ist, und dessen Größe die eigenen Sinne „singen", wenn er sein Tun aus dem Fenster beobachtet.

Die zweite Strophe unterscheidet die beiden beobachteten Phasen des Jahres: bisher war Steigen und Werden in der Natur und den Bäumen, jetzt beginnt das Fallen, jetzt „will" alles fallen. Der Mönch, der das Werden beobachtet und verstanden hat, glaubte, er habe die Kraft dieses Geschehens „erfaßt", weil er das Werden der Früchte erfasst hat. Nun wird das Wirken dieser Kraft wieder rätselhaft, und so fühlt sich der Pilger nicht zu Hause in seiner Welt wie noch im Sommer sondern ist „wieder Gast", und fühlt sich wieder als unbehauster einsamer Pilger auf der Heimkehr zum unbekannten Ursprung. Die dritte Strophe handelt von dem nun beginnenden rätselhaften Rückweg, den auch der Pilger zu gehen hat:

„… Der Sommer war so wie dein Haus, / drin weißt du alles stehn – / jetzt mußt du in dein Herz hinaus / wie in die Ebene gehn. / Die große Einsamkeit beginnt, / die Tage werden taub, / aus deinen Sinnen nimmt der Wind / die Welt wie welkes Laub. /

Durch ihre (der Sinne!) leeren Zweige sieht / der Himmel, den du hast / sei Erde jetzt und Abendlied / und Land, darauf er (der Himmel!) paßt. / Demütig sei jetzt wie ein Ding, / zu Wirklichkeit gereift, – / daß Der, von dem die Kunde ging, / dich fühlt, wenn er dich greift."

„Sei" – wenn es zur neuen „Wirklichkeit" kommt – „wie ein Ding", das zu dieser neuen, gefallenen Wirklichkeit „gereift" ist. Das ist schön und sicher guter Rat, aber am beginnenden Herbst ist es noch nicht ganz so weit: die große Einsamkeit BEGINNT erst, und der Wind nimmt einem die Welt erst dann ganz aus den Sinnen, wenn sie einem wirklich welk und brüchig geworden ist. Mit dem langsam sich färbenden und fallenden Laub sind aber erst die Früchte reif und süß und fertig geworden, die Früchte, die „der Frühling angefangen" und der Sommer dann „vollbracht" hat (siehe auch MiG September 19). Der Herbst NIMMT nicht nur, zunächst GIBT er!

August Heinrich Hoffmann von Fallersleben (1798-1874): „Herbstlied

Der Frühling hat es angefangen, / Der Sommer hat's vollbracht. / Seht, wie mit seinen roten Wangen / So mancher Apfel lacht! /

Es kommt der Herbst mit reicher Gabe, / Er teilt sie fröhlich aus, / Und geht dann wie am Bettelstabe, / Ein armer Mann, nach Haus. /

Voll sind die Speicher nun und Gaden, / Daß nichts uns mehr gebricht. / Wir wollen ihn zu Gaste laden, / Er aber will es nicht. /

Er will uns ohne Dank erfreuen, / Kommt immer wieder her: / Laßt uns das Gute drum erneuen, / Dann sind wir gut wie er."

Der Herbst füllt „uns" die Keller und die Speicher mit seinen vielen Gaben und er will keinen anderen Dank dafür, als dass wir „das Gute" erneuen. Das Wie oder Womit bleibt unklar, denn ein erneuerndes Auspflanzen, um uns im nächsten Jahr wieder dran zu „freuen", so dass WIR „so gut wie er" sind, das ist bei den wenigsten Herbstes-Gaben sinnvoll.

Freudig und lustvoll füllt Heinrich Voss, ein Zeitgenosse Goethes, seinen Korb zu herbstlichem Erntedank:

Johann Heinrich Voss (1751-1829): „Herbstsegen

Wohl ist der Herbst ein Ehrenmann; / Er bringt uns große Freude, / Nas, Aug und Gaumen lockt er an / Und überspinnt, talab, bergan / Das Feld mit bunter Seide. /

Schon lange lüstert' uns der Gaum, / Aus seinem Korb zu naschen; / Wann reift doch Apfel, Pfirsich, Pflaum! / Oft sehn und hören wir im Traum, / Wie's niederrauscht und haschen. /

Schaut aus und jubelt hoch im Tanz, / Wie sich die Bäume färben / Gelb, rot und blau im bunten Glanz! / Er kommt, er kommt im Asterkranz, / Der Herbst mit vollen Körben. /

Der Baum dort mit gestütztem Ast, / Er will so gerne geben! / Den Apfelbrecher her in Hast. / Und nehmt behend ihm seine Last, / Im Winter hoch zu leben! /

Was lauscht und klappert dort und kracht? / Da hagelt's welsche Nüsse. / Frisch abgehülst und ausgemacht! / Wie euch der Kern entgegenlacht, / Milchweiß und mandelsüße! /

Komm, Boreas, und stürme du, / Das Laub der Bäume nieder! / Wir machen dir das Pfötchen zu / Und naschen Nüß und Obst in Ruh / Und singen frohe Lieder."

Selbst der eher schwermütige Trakl sah, wie das Jahr im Herbst groß, ja „gewaltig" „endet" (siehe MiG September 19) und Meyer, der leise und herb zurückhaltende Schweizer, findet klassisch große Worte mit vielen Rufzeichen für diese Jahreszeit der herbstlichen Fülle:

Conrad Ferdinand Meyer: „Fülle

Genug ist nicht genug! Gepriesen werde / Der Herbst! Kein Ast, der seiner Frucht entbehrte! / Tief beugt sich mancher allzureich beschwerte, / Der Apfel fällt mit dumpfem Laut zur Erde. /

Genug ist nicht genug! Es lacht im Laube! / Die saftge Pfirsche winkt dem durstgen Munde! / Die trunknen Wespen summen in die Runde: / »Genug ist nicht genug!« um eine Traube. /…"

Für Meyer wird die herbstliche Fülle in den Früchten der Natur nun zum Anlass, sein eigenes Tun und Dichten daran zu messen: weil nicht nur die Sinne des Menschen sondern auch sein Herz und seine Seele MEHR brauchen als ein ärmliches, „genug", fühlt er sich aufgerufen, als Dichter das Bedürfnis nach dem beglückend über-fließenden MEHR zu erfüllen. Hier seine dritte und letzte Strophe:

„…Genug ist nicht genug! Mit vollen Zügen / Schlürft Dichter-geist am Borne des Genusses, / Das Herz, auch es bedarf des Über-flusses, / Genug kann nie und nimmermehr genügen!"

Zum Born des Genusses in dieser Zeit gehört seit 186 Jahren das Münchner Oktoberfest mit seinem vor-zeitig (VOR dem Oktober) schon sehnlich erwarteten Startruf „O-zapft is". Rilke hat 1896 das schätzungsweise (es ist einige Male ausgefallen) dreiundsechzigste besucht und so beschrieben:

Rainer Maria Rilke: aus „Jahrmarkt

Das war in München beim Oktoberfeste, / da die Theresienwiese voll vom Schrein / und Schwall der Schauer ist. Da bunte Gäste / aus der Provinz der Kunst der Rindermäste / verständnisvoll ein Mundvoll Worte leihn. / Die kleinen Mädchen, flüchtig ihrem Neste, / durchschwirrten keck den lauten Tag zu zwein, / und Bur-sche, mit der bunten Lodenweste / und ziere Stadtherrn bengeln hinterdrein. / … / Bier gabs und Wein in Strömen allerorten…"

Inzwischen steht die „Kunst der Rindermäste" offenbar nicht mehr im Vordergrund der (Zu-)Schauer, aber die kecken nestflüch-tenden kleinen Mädchen dürften noch immer in Scharen oder zu-mindest zu zweit die Budenstadt durchschwirren, gefolgt von „ben-gelnden" Burschen aus aller Welt in der inzwischen polyglotten Lo-denweste. Und die kecken Mädchen aus aller Welt stecken im

Dirndl und zeigen durch den Ort ihrer Schürzenschleifen, ob sie ihr Entkommen aus dem heimatlichen „Nest" mit einem kleinen Flirt würzen wollen: Ungebundene tragen die Schleife links… Als längst gebundene un-junge Dame ist man inzwischen erleichtert, wenn man das eigene Dirndl freundlich einer italienischen Besucherin leihen – und also von einer anderen Person befüllt – auf die Wiesn schicken kann. Dazu wünscht man der Dirndlträgerin gern an einen sündhaft schönen Tag in Tucholskys Sinn:

Kurt Tucholsky: aus „Schöner Herbst

Dies ist ein sündhaft blauer Tag! / Die Luft ist klar und kalt und windig, / weiß Gott, ein Vormittag, so find ich, / wie man ihn oft erleben mag…"

Dann aber freut man sich, dass auch der frühe Herbst schon andere als sündhaft blaue Gesichter hat und zeigt:

Ferdinand von Saar (1833-1916): „Herbst

Der du die Wälder färbst, / Sonniger, milder Herbst, / Schöner als Rosenblühn / Dünkt mir dein sanftes Glühn. / Nimmermehr Sturm und Drang, / Nimmermehr Sehnsuchtsklang; / Leise nur atmest du / Tiefer Erfüllung Ruh. / Aber vernehmbar auch / Klaget ein scheuer Hauch, / Der durch die Blätter weht / Daß es zu Ende geht."

Ist hier die Klage nur „scheuer Hauch", so verstärkt sie sich im Gedicht „Herbstgefühl" von Martin Greif zu einem Wehruf, den man hört und der einen sogar weinen macht, ohne zu verstehen, warum. Laut Hermann Bahr hatte Martin Greif um die Jahrhundertwende in München offenbar „eine kleine, laute (Fan)-Gemeinde für sich, auf welche er stark zu wirken scheint…"

Martin Greif (eigentlich F.H. Frey, 1839-1911): „Herbstgefühl

Wie ferne Tritte hörst du's schallen, / Doch weit umher ist nichts zu sehn, / Als wie die Blätter träumend fallen / Und rauschend mit dem Wind verwehn. / Es dringt hervor wie leise Klagen, / Die immer neuem Schmerz entstehn, / Wie Wehruf aus entschwundnen Tagen, / Wie stetes Kommen und Vergehn. /

Du hörst, wie durch der Bäume Gipfel / Die Stunden unaufhaltsam gehn, / Der Nebel regnet in die Wipfel, / Du weinst und kannst es nicht verstehn./"

Die Schritte des Herbst sind demnach hörbar, doch in jedem einzelnen Herbstmoment ist nichts Entsprechendes davon zu sehen: zu sehen ist nur, wie „Blätter träumend fallen" und – wiederum hörbar, nämlich „rauschend" – „mit dem Wind verwehn". Das höre sich an wie „leise Klagen", die aus „immer neuem (Blätter-)Schmerz" entstehen und dringt zudem hervor wie ein Wehruf aus vergangenen Tagen. Das wiederum könnte andeuten, dass auch in den vergangenen Sommertagen stets das neu Kommende vom Vergehen beendet wurde; es könnte aber auch heißen: der Schmerz eines jeden Blattes, das dem Vergehen ausgesetzt ist, kommt, ist da und vergeht schließlich. So HÖRT man zu Beginn der dritten Strophe jedenfalls, wie „unaufhaltsam die Stunden" „gehen", man „hört" also die einzelnen Herbst-Tritte, von denen in der ersten Strophe die Rede war. Und wie der Herbstnebel hörbar oben in die Wipfel der Bäume hinein „regnet", so weint der vom Herbstgefühl ergriffene Mensch unwillkürlich mit, ohne recht zu verstehen, warum.

Hermann Bahr schreibt über die große Wirkung von Gedichten Greifs auf seine mit-empfindende Fan-Gemeinde: „Es widerstrebt mir, ihre Freude zu stören; wer empfindet, hat schließlich immer recht. Ich kann es (das Mit-empfinden!) nur leider bei ihm nicht", denn immer wieder störe ihn ein Klischee unter den „wirklich darstellenden" Versen. Bei dieser Herbstempfindung könnte vielleicht die reichlich abgenutzte Schlusswendung störend wirken.

Diese mehr oder weniger verstandenen Tränen weint der ergriffene Mensch, weil er sich von der Natur und deren ständigem Werden und Vergehen mit umfasst fühlt. Nikolaus Lenau argumentiert in SEINEM Gedicht über das „Herbstgefühl" umgekehrt: sein „trüber" menschlicher Herbst-Wanderer findet auf den letzten Wegen zu seinem Trost in all den Geschöpfen der Natur „Genossen", die demselben Schicksal entgegengehen:

Nikolaus Lenau (1802-1850): „Herbstgefühl

Der Buchenwald ist herbstlich schon gerötet, / So wie ein Kranker, der sich neigt zum Sterben, / Wenn flüchtig noch sich seine Wangen färben; / Doch Rosen sind's, wobei kein Lied mehr flötet. /

Das Bächlein zieht und rieselt, kaum zu hören, / Das Tal hinab, und seine Wellen gleiten, / Wie durch das Sterbgemach die Freunde schreiten, / Den letzten Traum des Lebens nicht zu stören. /

Ein trüber Wanderer findet hier Genossen, / Es ist Natur, der auch die Freuden schwanden, / Mit seiner ganzen Schwermut einverstanden, / Er ist von ihren Klagen eingeschlossen."

Wie der Schluss des Gedichtes ausdrücklich sagt, ist auch hier der Mensch in die Natur und ihre Vergänglichkeit hineingenommen. Aber bei Greif zieht der Mensch aus der Natur die unerbittliche Konsequenz: auch DU, Mensch, wirst sterben; – bei Lenaus „Herbstgefühl" spürt er daneben, nämlich durch die „Genossen", die sein Schicksal teilen, auch den Trost einer Geborgenheit im Ganzen.

Leise und tröstlich kommt diese Erfahrung auch am Schluss eines Herbstgedichtes von Christine Lavant auf; und deshalb dürfte es Verena Kast ganz zurecht in ihre Sammlung von „Gedichten zu Lebensfreude UND Endlichkeit" aufgenommen haben:

Christine Lavant (1915-1973):

„Im Geruch der frühen Früchte / und schon leicht entlaubt / bangt der Obstwald, Vogelflüchte / kreisen um sein Haupt. / Drüben wird der Himmel fahler / und ein ungewöhnlich schmaler / Mond begibt sich zart / in den kleinen Sternenanger. / Südwind rüstet sich zu langer / wilder Himmelfahrt. /

Nordostwolken drohen düster, / in dem welken Schilfgeflüster / duckt sich Furcht und Hohn / und im Weidenlaub die Meise. / Alles geht im Schwermutkreise, / nur ein Glockenton / preist die Flucht der Jahreszeiten / als des Schöpfers Maß / und die frühen Früchte gleiten / glücklich in das Gras."

Die ungewöhnlichen und ausdrucksvollen Reim-Bindungen (ein SCHMALER, FAHLER Mond begibt sich ZART zu langer wilder HimmelFAHRT...) bündeln das Gedicht in zwei zehnzeilige Strophen. Bangend steht in der ersten Strophe ein (naturbelassener?) „Obstwald" da, der nach frühen Früchten duftet und von Vögeln umkreist wird, die sich zur Flucht rüsten; noch höher darüber ist der Himmel „fahler" und ein ungewöhnlich „schmaler" Mond begibt sich kaum leuchtend auf die kleine Sternenwiese, die vom offensichtlich auch abreisenden Südwind durchzogen ist. In der zweiten Strophe drohen im Nordosten bereits düstere Wolken, Furcht und Hohn ducken sich ins Schilf, die Meisen ins Laub der Weiden, und so dreht sich das ganze Erdenrund in herbstlichem „Schwermuts-Kreise". Aber da ist plötzlich etwas da, was diesen Schwermutskreis durchbricht: – „nur ein Glockenton". Der aber füllt (trotz verminderter Silbenzahl) eine ganze Zeile aus und wirkt sich dann auch noch die vier Schlusszeilen hindurch aus: dieser Glockenton PREIST, was im Erdenrund als Schwermutskreis erfahren wird. Er preist die herbstliche „Flucht der Jahreszeiten" und damit die Vergänglichkeit, er preist sie als DAS „Maß" des Schöpfers, als DIE Maß-Einheit, mit der ER sein Schöpfen und Vergehenlassen misst. Und beispielhaft bestätigen die beiden Schlusszeilen, dass des Schöpfers Maß das richtige und jedem zumutbare ist: Die Früchte gleiten „glücklich in das Gras."

Das moderne wehmutsvoll einvernehmliche Herbstgedicht erinnert im Bild der „glücklich" fallenden Früchte an den barocken Dichter Heinrich Brockes, der – allerdings bei „ganz entwölktem heiterm Himmel" – dem Blätterfall zusah und sich seine ein wenig umständlich formulierten Gedanken macht. Hören wir zunächst den Anfang:

Barthold Heinrich Brockes (1680-1747): Aus „Gedanken bey dem Fall der Blätter im Herbst

In einem angenehmen Herbst, bey ganz entwölktem heiterm Wetter, / Indem ich im verdünnten Schatten, bald Blätter-loser Bäume, geh‘, / Und des so schön gefärbten Laubes annoch vorhandnen Rest beseh‘; / Befällt mich schnell ein sanfter Regen, von selbst herabgesunkner Blätter. /

Ein reges Schweben füllt die Luft. Es zirkelt, schwärmt‘ und drehte sich / Ihr bunt, sanft abwärts sinkend Heer; doch selten im geraden Strich. / Es schien die Luft, sich zu bemühn, den Schmuck, der sie bisher gezieret, / So lang es möglich, zu behalten, und hindert‘ ihren schnellen Fall. / Hiedurch ward ihre leichte Last, im weiten Luft-Kreis überall, / In kleinen Zirkelchen bewegt, in sanften Wirbeln umgeführet; / Bevor ein jedes seinen Zweck, und seiner Mutter Schooß, berühret; /...."

Der Zuschauende unterscheidet nun diese gleichsam freiwillig scheidenden Blätter von solchen, die „durch der Stürme strengen Hauch" und also gleichsam durch „Krieg" „gewaltsam fallen", und er kommt zu dem Schluss:

„Wie glücklich, dacht‘ ich, sind die Menschen, die den freywillgen Blättern gleichen, / Und, wenn sie ihres Lebens Ziel, in sanfter Ruh‘ und Fried‘d, erreichen; / Der Ordnung der Natur zufolge, gelassen scheiden, und erbleichen!"

Zu einem einvernehmlichen Herbstgefühl oder bildlich gesprochen zu reifen „Trauben des Abschieds" am „Weinstock des eigenen Lebens" kann nicht nur der gedankenvoll gläubige Mensch der Barockzeit finden sondern durchaus auch der schwierige Mensch unserer Tage. Neben Christine Lavant zeigt das auch Max Frisch – in einer Passage aus dem Schluss von „Die Schwierigen oder J‘adore ce qui me brûle", bei Insel zusammengefasst abgedruckt in „Das Herbstbuch":

„Es war ein Tag, wie er ihn über alles liebte, Oktober, Körbe voll Laub, Nässe der Nebel! Lange schon sind sie draußen in den Reben… Morgen dampft aus dem See, meerweit. Glanz einer kommenden Sonne geistert in Lüften von Metall,…Tagelang hört man das Klöppeln der Trotte …Und plötzlich der Mittag, herbstlich leuchtet er mit dem Goldschopf seiner Hügel; wie Inseln tauchen sie aus sinkender Brandung der Nebel, die im sonnigen Zunder zerfallen, ein Duft von Himmel ist über Zweigen und Giebeln, eine rauchende Bläue. …und die Jahreszeit streicht wie eine unsichtbare Gebärde über die Hänge. Äpfel plumpsen, Wespen summen um die Süße der Vergärung. In Früchten, zu süßer Reife verdichtet, fällt uns die sommerliche Sonne noch einmal zu, Süße erinnerter Tage! Man sitzt in den Gärten; Sonne scheint uns durch alle Gespräche, eine blaue Geräumigkeit nistet sich ein in den Wipfeln der Bäume, und wieder lodert das Welken an den Hauswänden empor, klettert das Laub in glühender Brunst der Vergängnis. Daß Jahre vergehn, …, wer sieht es! Alles ist eins, Räume voll Dasein. … Unser Dasein steht über uns wie ein einziger Augenblick, und einmal zählt man auch die Herbste nicht mehr. Alles Gewesene lebt wie die Stille über den reifenden Hängen. Am Weinstock des eigenen Lebens, siehe, so hangen die Trauben von Abschied…"

„Buchen und Birken standen schon fast ohne Laub,
... eine hauchdünne Sonne, ein goldenes Gespinst
... Wasser aderte über einen schwarzen Fels und
silberte. Wohin man trat, knisterte der schüttere
Wald von gefallenen Zweigen, es knackte das
dürre Geäst..."
– November –

Entlaubte Bäume, die dünne Sonne wirkt wie ein gespenstisch-schütter vergoldetes Gespinst, Wasser „adert" verkrampft in alten schwarzen Bahnen und wohin man tritt, überall „knackt" das einst saftig weiche Grün der lebendigen Bäume als „dürr gewordenes Geäst": im November ist die lebendige Welt wie befallen von der Krankheit zum Tode, der – wie ein Sarg – schwarz und „silbern"-drohend am Horizont erscheint. Mit diesem spätherbstlichen Stimmungsbild leitet Max Frisch in seinem Roman „Die Schwierigen" das unaufhaltsame Ende einer Beziehung ein, die aus der „noch dämmernden Leere der Felder" im ersten Frühling gewachsen war. „Summertime..." war die Zeit dieser Liebe, „aber leider, ging der Sommer vorbei...". Demnach entwickeln sich menschliche Beziehungen wie vorübergehende Jahreszeiten: auch die Liebe dauert nicht, selbst die scheinbar ewig gültigen starken Gefühle sind dem irdischen Gesetz der Vergänglichkeit unterworfen. „Nach dreiviertel Jahren ihrer sommerlichen Ehe verabschieden sie sich an einer Straßenecke" heißt es dann im Text aus der verzweifelt ironischen Blickrichtung des eben noch liebenden Mannes: „...Schön so! Ich liebe das Leben mit allem wuchernden Zwiespalt". Gerade weil auch die so warm empfundene Liebe vergehen kann, spürt der ergriffene Mensch die schwierige Ambivalenz alles Irdischen: verzweifelt merkt er, dass auf dieser Welt nichts von Dauer ist, nicht das Leben, nicht die Liebe und nicht die Verzweiflung darüber: wenn er sich dahinein vergraben will, spürt er – so grausam wie herrlich – die „welt-INNIGE" Wonne des irdischen Lebens, nämlich: „…daß in allem eine tiefe, kühle, welt-innige Wonne liegt, eine Demut, ein Bekenntnis, ein Annehmen,… herrlich, so grausam wie herrlich!….Es gibt kein anderes Vorwärts, wir müssen hindurch. Durch uns, durch die Welt, durch alle Seligkeiten und Schmerzen des Lebens." Die „schwierige" Figur erlebt in der zwiespältigen „Wonne" trauriger Vergänglichkeit intensiv das irdische Dasein, denn von dieser Ambivalenz ist alles Irdische betroffen.

In seinen „Terzinen über Vergänglichkeit" bezeugt Hofmannsthal dieses Gesetz als eine allgemein irdische Erfahrung, die jenseits von Vorstellbarkeit und Klage angesiedelt sei:

„Dies ist ein Ding, das keiner voll aussinnt, / Und viel zu grauenvoll, als dass man klage: / Daß alles gleitet und vorüberrinnt….".

Besonders im November lässt die sich wandelnde Welt den Menschen dieses „welt-innige" unerbittliche Vorüberrinnen spüren. In einem herbstlichen Kalenderblatt wird Rilke zitiert, der den Herbst „schaffender" findet als den Frühling, der schon gleich (da) „ist", und er findet, dass der Herbst der Verwandlung gegenüber offener sei als der „behaglich" gleich bleibende Sommer:

Rainer Maria Rilke: aus „365 Tage mit Rilke"

„Denn ich WILL den Herbst! Ist es nicht, als wäre ER das eigentlich Schaffende, schaffender denn der Frühling, der schon gleich IST, schaffender, wenn er kommt mit seinem Willen zur Verwandlung und das viel zu fertige,…schließlich fast bürgerlich-behagliche Bild des Sommers zerstört?"…

Richard Dehmel erfährt das gleitende Vorüberziehen alles Irdischen bei einem stillen Gang im Spätherbst, als ein noch lebendig surrender Käfer ihm das „Vorbei" wie einen Ohrwurm zu Gehör bringt:

Richard Dehmel „Stiller Gang

Der Abend graut; Herbstfeuer brennen. / Über den Stoppeln geht
der Rauch entzwei. / Kaum ist mein Weg noch zu erkennen. / Bald
kommt die Nacht; ich muß mich trennen. / Ein Käfer surrt an meinem Ohr vorbei. / Vorbei."

Erich Kästner schließlich fasst den November im Symbol des
Trauerflors zusammen, der diesen Monat der Vergänglichkeit kenn-
zeichne:

Erich Kästner: „Der November

Ach, dieser Monat trägt den Trauerflor…/ Der Sturm ritt johlend
durch das Land der Farben. / Die Wälder weinten. Und die Farben
starben. / Nun sind die Tage grau wie nie zuvor. / Und der November trägt den Trauerflor. /

Der Friedhof öffnete sein dunkles Tor. / Die letzten Kränze werden feilgeboten. / Die Lebenden besuchen ihre Toten. / In der Ka-
pelle klagt ein Männerchor. / Und der November trägt den Trauerflor. /

Was man besaß, weiß man, wenn man's verlor. / Der Winter sitzt
schon auf den kahlen Zweigen. / Es regnet, Freunde, und der Rest
ist Schweigen. / Wer noch nicht starb, dem steht es noch bevor. /
Und der November trägt den Trauerflor…."

Ist das irdische Leben also trost- und hoffnungslos? In Hofmannsthals „Terzinen über Vergänglichkeit" schimmern zeiten-
übergreifende Träume, von denen es heißt, sie „sind in uns und haben immer Leben", und auch andere der Vergänglichkeit nach-sin-
nende Poeten und Schriftsteller haben nicht ganz vergeblich gesucht:

Else Lasker Schüler(1869-1943): „Herbst

Ich pflücke mir am Weg das letzte Tausendschön.../ Es kam ein
Engel mir mein Totenkleid zu nähen – / Denn ich muß andere Welten weiter tragen. /

Das ewige Leben DEM, der viel von Liebe weiß zu sagen. / Ein
Mensch der Liebe kann nur auferstehen! / Haß schachtelt ein! wie
hoch die Fackel auch mag schlagen. /

Ich will dir viel viel Liebe sagen – / Wenn auch schon kühle
Winde wehen, / In Wirbeln sich um Bäume drehen, / Um Herzen,
die in ihren Wiegen lagen. /

Mir ist auf Erden weh geschehen.... / Der Mond gibt Antwort dir
auf deine Fragen. / Er sah verhängt mich auch an Tagen, / Die zaghaft ich beging auf Zehen."

Das Gedicht kommt trotz seiner 14 Zeilen mit drei Reimen aus:
a,b,c. Es bündelt sie zunächst zu zwei Dreizeilern (abc, cbc) und wei-
tet sie dann zu zwei Vierzeilern aus (cbbc, bccb); dabei berichten die
kurzen Strophen eher knappe einzelne Fakten, die längeren Strophen haben durch den umklammerten Paar-Reim der beiden Mittel-
zeilen sozusagen mehr Innenraum für das Erzählen von Reaktionen
des Ich AUF diese Fakten: Der erste Dreizeiler berichtet drei ver-
schiedene Tatsachen: der Anfang bezieht sich auf das Thema
„Herbst" und erzählt: Das Ich pflückte sich ...das letzte Gänseblüm-
chen – und der Zusatz „auf seinem Weg" bedeutet dabei: das Gän-
seblümchen war nicht nur das letzte „Tausend-Schön" an irgendei-
nem spätherbstlichen Wegesrand sondern ein letztes „tausend-schö-
nes" Blümchen am Lebensweg von diesem Ich, das auch bereits in
seinem späten Herbst steht. Darauf bezieht sich nun die zweite Zeile
mit den ausgesagten Faktum: „Es kam ein Engel mir mein Totenkleid zu nähen", und das wiederum heißt, es wird nicht mehr lange
dauern, bis der Engel dem Ich das eigens genähte Totenhemd auch
anziehen wird. Mit dieser Tatsache wiederum ist eine dritte verbun-

den: das Ich hat – dann! – eine Aufgabe, es „muß andere Welten weitertragen." Diese drei Aussagen stehen zunächst als kaum verbundene Tatsachen am Anfang des Gedichtes, denn mit dem BEGINN der Reime in der Folge von a, b und c ist die spätere Reimbindung – zumindest beim ersten Lesen – noch nicht zu erkennen! (Und der begründende Anschluss mit dem „denn" in der dritten Zeile ist so noch keineswegs eine kausal-logische Verbindung.) Der zweite Dreizeiler dagegen schließt sich eng an den vorausgehenden an: Der Auftrag aus der Zeile drei: „ich muß andere Welten weitertragen" verbindet sich im zuschnappenden Reim mit dem neuen Auftrag aus der ersten Zeile der zweiten Strophe, es muss „andere Welten weitertragen", nämlich um „das ewige Leben dem, der viel von Liebe weiß, zu sagen." Und diesem neuerlichen Auftrag an das Ich wird ein weiterer beigefügt: Sobald das Ich das Totenhemd des Engels anhat, muss es DEM, der viel von Liebe weiß, „das ewige Leben" (vorher-)„sagen". Darauf folgt nun als vierte unbestrittene Tatsache die Begründung: „Ein Mensch der Liebe kann nur auferstehen!" – und diese Tatsache gilt als Wahrheit zunächst für DEN, „der viel von Liebe weiß", und dem das Ich des Gedichtes daher ewiges Leben verkündet hat. Sie gilt aber auch für das Ich, das ja nach seinem Tod aufersteht, um „Welten" weiterzutragen! So erweist sich auch das sechste Faktum als wahr: „Haß schachtelt ein", und nur zu den Eingeschachtelten gehört – schon vom Bild her – der Sarg. Die Menschen der Liebe haben die Einschachtelung und damit auch den Sarg schon auf Erden überwunden: Sie hatten auch in dieser Welt schon den Auftrag, alles, was sie von Liebe wissen, zu SAGEN. Und das Ich des Gedichtes hat das – laut dritter und vierter Strophe – auch versucht: Zaghaft und „wie auf Zehenspitzen" hat das Ich auch auf Erden schon versucht, diesen Weg der Liebe zu begehen. Noch im Herbst seines Lebens, „wenn auch schon kühle Winde wehen" und „in Wirbeln sich um Bäume drehn", will das Ich aus diesem Gedicht „viel viel Liebe sagen".

Else Lasker-Schüler dürfte mit ihrer poetischen Bildersprache und ihren fantastischen Einfällen für viele ihrer Fans der Prototyp einer Dichterin sein; für Peter Handke, den neuen Nobelpreisträger, aber wäre sie eine Schriftstellerin: Handke nämlich unterscheidet „Dichter" und „Schriftsteller" so: während Dichter bloß möglichst spannende Geschichten „erfinden", sei es das „höchste Ziel" des Schriftstellers, die Welt in Sprache zu verwandeln, ihren „krummen Pfaden" zu folgen und zu bedenken, was „Sprache" mit „Erfahrung" mache (SZ 11.10.19). Das Gedicht erweist seine Dichterin als solche Sprachkünstlerin: ihr über-irdischer Auftrag gipfelt dreimal darin, ihre „Erfahrung" von Liebe zu „sagen": „Das ewige Leben", so heißt es im Gedicht, verdiene der, „der viel von Liebe weiß zu SAGEN", als ein Mensch der Liebe will dieses poetische Ich „dir viel viel Liebe SAGEN" und WIE, wenn nicht in Sprache verwandelt, kann der große Auftrag erfüllt werden, „andre Welten" über den Tod hinaus „weiter" zu „tragen"?

Auch Emanuel Geibel hat in einem Herbstgedicht darauf geachtet, was „Sprache" „mit Erfahrung macht"; nur handelt es sich in diesem Gedicht weniger um die gesprochene Sprache des Schriftstellers als zunächst um die verstandene Sprache der sich offenbarenden Natur: Dieser Schriftsteller spricht danach nur das aus, was er vernommen hat und er gibt dann zu bedenken, was er im sterbenstraurigen Herbst Tröstliches gehört hat in dieser Erfahrung natürlich-irdischer Vergänglichkeit:

Emanuel Geibel (1815 – 1884):

„Ich sah den Wald sich färben, / Die Luft war grau und stumm; / Mir war betrübt zum Sterben, / Und wußt' es kaum, warum. /

Durchs Feld vom Herbstgestäude / Hertrieb das dürre Laub; / Da dacht' ich: Deine Freude / Ward so des Windes Raub. /

Dein Lenz, der blütenvolle, / Dein reicher Sommer schwand; / An die gefrorne Scholle / Bist du nun festgebannt./

Da plötzlich floß ein klares / Getön in Lüften hoch: / Ein Wandervogel war es, / Der nach dem Süden zog. /

Ach, wie der Schlag der Schwingen, / Das Lied ins Ohr mir kam, / Fühlt' ich's wie Trost mir dringen / Zum Herzen wundersam. /

Es mahnt' aus heller Kehle / Mich ja der flücht'ge Gast: / Vergiß, o Menschenseele, / Nicht, daß du Flügel hast!"

Der Mensch beneidet im immer lebloser werdenden Herbst den Wandervogel, der – hoch in den Lüften und sein helles Lied in der Kehle – dem warmen Süden zufliegen kann. Aber gleich, als ihm dessen Lied ins Ohr kam, versteht er, was dieses natürliche Lebewesen dem Mensch gewordenen Bruder „sagt": wir irdischen Geschöpfe sind nicht grundsätzlich verschieden, sodass das eine das andere beneiden müsste: Ich, sagt der Vogel, habe eine Stimme, wie du, und wenn du mir zuhörst, dann spricht sie zu dir. Und als der Mensch das Vogellied in sein Ohr dringen lässt, da sagt es ihm süßen Trost: beide sind wir flüchtige Gäste auf Erden, aber auch beide haben wir Flügel, um uns aus dem Bereich des Bloß-Irdischen (Winters) zu erheben. So steht die ganze Natur dahinter, wenn ihr Vogel es „singt": „Vergiß, o Menschenseele, Nicht, daß du Flügel hast!" Und wer sich das Gedicht laut vorliest, der wird durch den Rhythmus genötigt, dieses „NICHT" stark zu betonen – um NICHT wieder zu vergessen, dass seine Seele Flügel hat!

Ob auch Musik solch eine tröstliche Botschaft vermitteln kann wie es in Geibels Gedicht die beobachtete Natur vermag? Reiner Kunze verwandelt die frohe Botschaft eines Cembalo-Konzerts in die tröstliche Sprache einer durch Musik erstarkten Seele:

Reiner Kunze (geb 1933): „Nach einem Cembalokonzert

Im gehör / feingesponnenes silber, das mit der zeit / schwarz werden wird /

Eines tages aber wird die seele / an schütterer stelle / nicht reißen"

Die einzelnen Wörter in dem kleinen Lied über Cembalo-Musik fließen fast konturlos ineinander über, nur in der zweiten Zeile scheint ein Komma dieses Weiterfließen zu unterbrechen. Aber die kleine Pause schafft nur den langen Atem, um das langsame Vergehen der Zeit spürbar zu machen, die das feingesponnene „Silber" der Cembalo-Musik „mit der Zeit" schwarz werden lässt. So trägt die Cembalomusik die Farben „Silber" und „Schwarz", und korrespondiert daher mit den Farben des „Trauerflors" aus Kästners Novembergedicht. Die Seele, die solche Musik gehört und „mit der Zeit" als traurig-schönes Lied der Vergänglichkeit verstanden und akzeptiert hat, diese Seele wird, wenn ihr Gewebe sich als „schütter" und also als un-dicht erweist, durch die feingesponnene Silber-Musik gestärkt sein und „nicht reißen"!

Der „Trauerflor" der irdischen Vergänglichkeit muss nicht nur trauriges Schwarz enthalten sondern kann auch von hellglänzendem Silber durchwirkt sein, ja in dem Cembalo-Lied war das „feingesponnene Silber" die Ausgangsfarbe dieser Musik, und erst im Nachklang oxydierte das Silber in die schwarze Todesfarbe. Der „Trauerflor", den alles Irdische trägt, kann „schön" sein:

Christine Lavant (1915-1973):

„Verschriener Tod, für mich bist du so schön! / Schon morgens denk ich dich als Hütte aus, / in die ich einziehn werde schon am Abend, / und daß ein Stern darüber scheinen wird. / Nicht einmal vor dem Umzug hab ich Angst! /   Man wird zwar viel vorher verbrennen müssen, / den Leib gewiss mit allen seinen Süchten / und von der Seele das, was sie sich hier / zusammentrug an Mut und Freudigkeit. / Nur meine Liebe, Tod, die bring ich mit! / Für die mußt du, wenn du mein Obdach bist, / den besten Winkel meiner Hütte richten / und, wenn es sein kann, baue auch ein Fenster, / damit der Stern, der gute, den ich meine, / ihr dort zu Diensten geht mit allem Trost, / den ich ihr hier niemals hab' geben können."

Das Gedicht ist fast wie ein preisendes Gebet an den Tod gerichtet, den es als ein „DU" anspricht: „Verschriener Tod, für mich bist du schön!"

Obwohl der angesprochene Tod also außerhalb des Ichs existiert, obwohl er offensichtlich größer ist als das Ich und wie eine Gottheit viel gefürchtet wird, sagt schon die zweite Zeile aus, dass die Eigenschaften dieses großen Todes vom Ich „ausgedacht" sind: „Schon morgens" – also gleich beim ersten An-den-Tod-denken – DENKT sich dieses Ich den Tod als „Hütte" AUS! Das heißt, das Ich findet ein neues „Obdach" im Tod, in das das Ich schon bald – nämlich „schon am Abend" dieses Morgens „einziehen" wird. Wie beim Geburtsstall des Christkinds – auch DAS hat sich das Ich, als es sich den Tod als „Hütte" vorstellte, so ausgedacht – scheint „ein Stern darüber" zu stehen. Diese beiden ausgedachten Bilder, „Hütte" und „Stern darüber" scheinen dem Ich offenbar so behaglich, dass das Ich nicht einmal vor dem „Umzug", also vor dem Sterben, Angst hat. Dabei könnte dem Ich davor schon bang werden, denn es muss einiges preisgeben: den Leib und alles Gewohnte daran, und von der Seele alles, was sie sich an „Mut" und „Freudigkeit" darin zusammengetragen hat. Offenbar kann sich das Ich von alledem irgendwie trennen. Dann aber sagt es, und dabei wendet sich das Ich noch einmal ausgesprochen und damit eindringlich an das DU des Todes: „Nur meine Liebe, Tod, die bring ich mit!" Die Liebe ist auch etwas, was das Ich in seiner Seele „zusammengetragen" hat, aber von dieser Liebe kann das Ich auch im Tod nicht lassen. Das Ich bringt sie mit in die „Hütte" des Todes, ja das Ich bittet für seine Liebe um den besten Platz darin. Und außerdem soll diese Liebe von dem besten Platz durch ein Fenster selber sehen können, dass der Stern über der Hütte scheint. Denn so kann das Ich für seine Liebe das im Jenseits nachholen, was es ihr „hier niemals" hat „geben können": nämlich „allen Trost".

Dieser schöne, ja dieser vollkommene Trost berührt sich mit dem tröstlichen Herbstgedicht der Else Lasker-Schüler: Auch das Ich des

Gedichts der Christine Lavant „weiß" offenbar viel von „Liebe": während andere Errungenschaften der Seele mit dem Tod verbrennen müssen, hat es sich aus-gedacht und weiß daher: ihre Liebe kann die Seele mitbringen in die „Hütte des Todes", ja sie hat den besten Platz darin. Auch in diesem Gedicht kann die Liebe vom (sterbenden) Ich in andere Welten getragen werden, ja sie und nur sie kann das (sterbende) Ich auch aktiv in andere Welten „tragen". Daher muss das Ich keine Angst haben vor dem „Umzug" in die „Hütte" des Todes.

Trost-los wirkt dem gegenüber das dunkle Novembergedicht der Ricarda Huch: war der schwarze Trauerflor der obigen drei Herbstgedichte gleichsam von traurig-schönem Silberglanz durchwirkt, so ist er hier, im Gedicht aus dem November 1938 (kurz vor Kriegsbeginn!) in einem immer lichtloser werdenden Dunkelgrau gehalten und die Strophenanfänge markieren den fortschreitenden Weg ins Düstere: auf „Das Licht erlischt" folgt „Das Licht ist tot", und dann heißt es nur noch: „Das Herz ist schwer":

Ricarda Huch (1864-1973): „November

Das Licht erlischt. / Die Nacht wird lang, es wachsen die Schatten, / Der Wald wird kahl, leer werden die Matten. / Wir essen Asche, ins tägliche Brot gemischt. – / Das Licht erlischt. /

Das Licht ist tot. / Still sind die einst so fröhlichen Gassen, / Wieviel haben uns auf immer verlassen, / Die am Tisch mit uns saßen, mit uns brachen das Brot! –/ Das Licht ist tot. /

Das Herz ist schwer. / Wo sind, die vor uns dahingegangen? / Das Licht am Himmel wird neu erprangen, / Die toten Menschen kommen nie mehr, – nie mehr. – / Das Herz ist schwer. "

Viele lange graue Novembertage hintereinander können einem auch ohne Anlass zur Trauer die Stimmung drücken; dagegen hilft ein herbstliches Kaminfeuer, jedenfalls wenn sich dessen geselliges

Drumherum auch arrangieren lässt. Wer sich dafür vorsorglich einen Abgasfilter installieren lassen kann, braucht sich dann auch wegen dem Ausstoß von CO2 die Freuden mit dem lieblichen Mädchen am feurigen Kamin nicht vermiesen zu lassen!

Johann Wolfgang Goethe: „Römische Elegien IX

Herbstlich leuchtet die Flamme vom ländlich geselligen Herde, / Knistert und glänzet, wie rasch! sausend vom Reisig empor. / Diesen Abend erfreut sie mich mehr; denn eh' noch zur Kohle / Sich das Bündel verzehrt, unter die Asche sich neigt, / Kommt mein liebliches Mädchen. Dann flammen Reisig und Scheite, / Und die erwärmete Nacht wird uns ein glänzendes Fest. /

Morgen früh geschäftig verläßt sie das Lager der Liebe, / Weckt aus der Asche behend Flammen aufs neue hervor. / Denn vor andern verlieh der Schmeichlerin Amor die Gabe, / Freude zu wecken, die kaum still wie zu Asche versank."

„Leise rieselt der Schnee, still und starr ruht der See ..."
– Dezember –

Mit dem Dezember beginnt die dunkelste Zeit des Jahres. Werner Bergengruen hat das kurze fröstelnd bleiche Tageslicht dieses dunklen Monats stimmungsvoll eingefangen:

Werner Bergengruen (1892-1964): „Am Wintermorgen

Am Wintermorgen zur bleichen Zeit, / grau starren die Gärten und kahl. / Zwei Mädchen frösteln im dünnen Kleid, / und der Wachposten gähnt am Kanal./

Alte Weiblein, wie Dohlen dunkel und schmal, / flattern und rudern herum. / Sie huschen gescheucht ums Klosterspital, / doch ihre Schritte sind stumm. /

Wie willst du den traurigen Tag bestehn? / Und zum Abend ist es noch weit. / Du wirst dir die Füße blutig gehen / in deiner Verlassenheit. /

Da tritt aus dem Düster tastend ein Strahl / wie schüchterne Vogelmusik. / Und über dem schwarzen Kirchenportal / aufglüht das Goldmosaik."

Ein „bleiches" Morgenlicht über „grauen" kahlen Gärten, alte „dunkle" Weiblein wie verhuschte schwarze Dohlen, so ein langer dunkler Tag ist schwer zu „bestehen" in seiner düsteren Verlassenheit. Aber da, ganz unerwartet „tritt" in diesen dunklen Dezembertag, – „tastend" und „schüchtern" aus dem Düstern – ein „Lichtstrahl", und der erhellt wie der Weihnachtsstern auf dem Krippendach die dunkle Winternacht über dem vorher „schwarzen" Kirchenportal. Und er bewirkt, dass in der dunklen Winternacht – zeichenhaft und bedeutungsvoll – ein Fenster „aufglüht" mit strahlend buntem, himmlisch schönem Goldmosaik!

Weil das Kommen dieses schmalen Lichtstrahls (auch nach 2000 Jahren) nicht sicher ist oder das bisschen Helligkeit vielen Leuten einfach nicht reicht, machen es manche Menschen wie die Zugvögel und wandern im Winter in den Süden aus, um dort „ knallvergnügt" zu leben („So knallvergnügt" heißt ein Sammelbändchen von derartig fröhlichen Gedichten!).

Sarah Kirsch: „Brief

Ich bin glücklich in Italien, im diesem / Frühen Dezember. Morgens Sterne, dann / Nebel unter den grünen Bäumen. Der Steinvogel / Klirrt Kiesel aneinander mit seiner Stimme, ihr seht mich / Auf roten Fliesen und obgleich / Der Herd ein Elektroherd ist tu ich / Die einfachen Dinge von vor dreihundert Jahren. / Ich brate – ja ich habe Pompeji gesehen und zweitausend / Säulen und alle Kirchen, abgeschiedene Gärten – ich brate / Den Hasen im Topf und ich hab / Das Schreibzeug aufm Küchentisch und lebe und lebe / Und lebe immer noch und mein Geliebter / Hat Locken und Kleider aus Samt und Seide und schöne / Achttfüßige Hunde, die bringen / Mir Stiefel und Feuer und Flamme, was zu rauchen und dann / Kommt er selbst"

Das ist in der Tat ein knallvergnügtes, ein märchenhaft altmodisches und nostalgisches Leben, von dem dieser Brief eines ausgebüchsten topmodernen Mädchens ihren brav und zuhause gebliebenen Freundinnen berichtet. Die Winterreise in den nostalgischen Süden, wo man noch Kaninchen brät wie bei uns seit der Nachkriegszeit fast gar nicht mehr, wo man in abgeschiedenen Gärten und an antiken Säulen vergangenem Leben nachspüren kann, hat sich gelohnt: während die Nordische mit dem schönen Geliebten die einfachsten Dinge so tut, wie man sie in dreihundert Jahre alten Geschichten getan hat, merkt sie, „wie sie lebt und lebt" und unverfälscht und un-entfremdet wirkliches Leben spürt.

Das aber liegt wohl eher am Mut zum altmodisch selbstbestimmten Leben als am Ausbüchsen in den Süden. Auch wer im Winter hier bleibt kann glücklich sein und sich seines Lebens freun.

In ihrem Buch „Rilke und Benvenuta" erzählt Magda von Hattingberg – und sie ist ja Rilkes „Ben-venuta"! – von der Wohltat, die das winterliche Grau nach Rilkes Wahrnehmung für die Augen bedeute. „...dort, wo man die Sonne den ganzen Winter über ...gegenwärtig hat", begreife man nicht so sehr „das unaufhaltsame Glück, das sich ereignen WILL", also jenes, das in der ZUKUNFT der dunklen Zeit, also im darauf folgenden Frühling, bevorstehe! Zuvor aber bedeute das winterliche Grau wohltuende Schonung schon allein für die Augen: Das Dunkel der Wintertage tue gut, denn „fast mit der Schonung, die du von der Innenseite deiner eigenen Lider kennst, ruht das Grau dir an das Aug, fast wie Schlaf..." Das verhalten graue Licht der dunklen Jahreszeit vermittelt dem menschlichen Augen so etwas wie wohligen Winterschlaf, der den Menschen dann später zudem fähig macht, das zukünftige Wirken des Frühlingslichts als „Wunder" zu erleben. Die graue Winterwelt ist die notwendige und vielversprechende Vorstufe für die strahlende Wiederkehr des Lichts, und einen ersten Hinweis darauf brachte ja auch bereits der Lichtstrahl aus Bergengruens Wintermorgen in die graue Landschaft.

Eine neue lichte Variante bringt dann der weiße Schnee in die dunkle Dezember-Welt. Schon der barocke Hamburger Dichter Hinrich Brockes (1680-1747) beschreibt – ein wenig verschachtelt und umständlich aber spürbar beeindruckt – in den beiden ersten Strophe eines langen und frommen Wintergedichts den „sanft" fallenden Schnee:

Barthold Hinrich Brockes: „Wie es sanft schneiet

„Wenn ich der Lüfte Schaum, den weißen Schnee, / Von oben dicht herunterfallen seh: / So scheint oft selbst die Luft, von regen Flocken, schwer, / Und recht, als ob sie, sanft zu uns herab zu sinken, / Beschäftigt in Bewegung wär. /

Durch welche schwebende Beschaffenheit gerühret, / Ein es betrachtendes gelassenes Gemüt, / Das dieses Flockenspiel besieht, / Ein' innerliche Lust, in sanften Schaudern, spüret. / ..."

Und noch ein modernerer Schriftsteller wie Karl Alfred Wolken, der 249 Jahre später geboren wurde, kann und mag sich dem Reiz des winterlichen Flockenspiels nicht verschließen, wenn ER ihn auch weniger fromm als vielmehr sinnenfreudig genießt:

Karl Alfred Wolken (geb 1929): „Jungfräuliche Freundin Schnee

Gott sei es gelobt, / daß du gefallen bist, / windelweicher, königlicher Schnee! / Dein Glanz auf mein Haupt! / Lachend empfangen, wie es sich ziemt, / lachend mit offenen Armen, / Freundin von zärtlicher Kühle! / ...

Gelobt sei dein Fall! /

Du bist schön wie ein weißes / Kaninchen mit rötlichen Augen. / Der Schatten der Raben, / wie ein geworfener Wirbel von Blättern, / macht deine blendende Reinheit unglaublich. /

Du seist gelobt/ / Und gelobt sei der Schatten der Raben!"

Weiß wie Schnee, rot wie Blut, schwarz wie Ebenholz – durch den schwarzen Schatten der (sieben?) Raben und durch das Rot der Kaninchenaugen und der Herbstblätter kriegt der „gefallene" Schnee Schneewittchengestalt und mutiert ins märchenhaft Wunderbare, und hat zu tun mit kristallenem Sarg und Auferstehung zu neuem Leben – wie der „wirkliche" Winter ja auch.

Mit Kälte, Schnee und Schweigen, mit Totem, mit Feuerschein und grauem Mond und bisweilen von fern einem Schlittengeklingel ist der Winter auch in Trakls Welt eingezogen, die mit den Motiven vom Jäger und vom Feuerschein, vom verblutenden Wild, von den kreisenden Dohlen und im roten Blut plätschernden schwarzen Raben ihrerseits an märchenhafte oder gruselige Geschichten erinnernd angrenzt:

Georg Trakl (1887-1914): „Im Winter

Der Acker leuchtet weiß und kalt. / Der Himmel ist einsam und ungeheuer. / Dohlen kreisen über dem Weiher / Und Jäger steigen nieder vom Wald.

Ein Schweigen in schwarzen Wipfeln wohnt. / Ein Feuerschein huscht aus den Hütten. / Bisweilen schellt sehr fern ein Schlitten / Und langsam steigt der graue Mond. /

Ein Wild verblutet sanft am Rain / Und Raben plätschern in blutigen Gossen. / Das Rohr bebt gelb und aufgeschossen. / Frost, Rauch, ein Schritt im leeren Hain."

Achtet man auf die sprachliche Gliederung in diesem Gedicht, so fällt auf, dass jede Zeile einen neuen offenbar länger anhaltenden Zustand beschreibt: 12 Zeilen bringen also 12 länger anhaltende Zustände, und diese Zustände dauern offenbar SO lange an, wie es der Überschrift „im Winter" entspricht: „Im Winter": „leuchtet der Acker weiß und kalt", „im Winter" wohnt „ein Schweigen in schwarzen Wipfeln" usw, und das gilt auch für eigentlich augenblicks-kurze Zustände wie: „im Winter" huscht (immer mal wieder) „ein Feuerschein aus den Hütten" oder: „im Winter" steigen „Jäger nieder vom Wald". Und dieses reihende Prinzip von winterlichen Zuständen gilt bis in die letzte Zeile hinein: „im Winter" ist „Frost, Rauch, ein Schritt im leeren Hain." So passiert wenig in diesem Wintergedicht, es überwiegen unbeweglich starre, gleichsam eingeeiste Zustände, die einer nach dem anderen aufgezählt werden. Über dem ganzen Gedicht liegt starre, winterliche Ruhe, und auch das wird gesagt: „Ein Schweigen in schwarzen Wipfeln wohnt". Und das wenige, das in dieser Winterstarre geschieht, zeigt jeweils den letzten Akt, den Abschluss eines Geschehens: die Jäger ziehen nicht aus auf ein fröhliches Jagen mit Hörnerschall und Peitschenknall, sie steigen vielmehr „nieder vom Wald", und ihre Jagderlebnisse sind Vergangenheit geworden. Oder: „Bisweilen schellt sehr fern ein (sicher eher noch weiter sich entfernender) Schlitten". Bewegungen und Geräusche verklingen in diesem leisen Wintergedicht, die Stille greift auf den Leser über „und langsam steigt der graue Mond" leise über die ruhige Landschaft: Winter pur.

Mit dem Winter hat auch die Adventszeit angefangen: „Leise rieselt der Schnee. Still und starr ruht der See, weihnachtlich glänzet der Wald, freuet euch, s' Christkind kommt bald"… Schön und ergreifend hat der Pfarrer Ebel vielen aufhorchenden Menschen im Jahre 1895 stimmungsvolle Weihnachtsfreude vorgesungen. Viele Menschen teilen diese Freude heute eher nicht mehr: vielen geht die musikalisch stereotype Weihnachtsberieselung längst auf die Nerven, viele leiden unter dem global verbreiteten Dekorationskitsch aller Länder, der überall und bis in die abgelegensten Dorfläden hinein massenhaft angeboten wird um dann – knall-bunt oder bläulichkalt oder warm-weiß funkelnd – auf Balkonen und Häusern zu strahlen. Und weil ein jeder die andern auch auf diesem Gebiet noch übertrumpfen will, findet all der Weihnachtskitsch alle Jahre wieder reißenden Absatz, und fremd-bestimmte Konsumzwänge überwuchern besonders die Weihnachtswelt. Viele Menschen empfinden und kritisieren den Konsumzwang unserer Gesellschaft überhaupt: Marianne Gronemeyer hat (in „Die Macht der Bedürfnisse") gezeigt, dass die Mächtigen in der modernen Konsumgesellschaft die vermeintlichen Bedürfnisse der Konsumenten so in den Griff bekommen haben, dass die sich wünschen, was sie sich wünschen SOLLEN, nämlich immer wieder all das, worum sie von anderen beneidet werden. So wird der homo consumens längst nicht mehr von den eigenen Sehnsüchten bestimmt sondern vom fremdbestimmten

Kaufverhalten der anderen, das auf das eigene zurück wirkt. Das war früher besser: Natürlich steigt der Drang zum Konsum bei hohen Feiertagen, aber fremd-bestimmt war der „früher" gar nicht; das zeigt schon die Überschrift einer Geschichte, die heute nur noch in alten Weihnachtsbüchern zu finden ist:

Peter Rosegger (1843-1918) „Als ich Christtagsfreude holen ging

In meinem 12. Lebensjahr wird es wohl gewesen sein, als am Frühmorgen des heiligen Christabends mein Vater mich an der Schulter rüttelte: ich solle aufwachen und zur Besinnung kommen… „Peter, jetzt höre… Da nimm einen leeren Sack, denn du wirst was heimtragen. Da nimm meinen Stecken, denn es ist viel Schnee, und da nimm eine Laterne, denn der Pfad ist schlecht und die Stege sind vereist. Du mußt hinabgehen nach Langenwang. Den Holzhändler Spreizegger, den kennst du, der ist mir noch immer das Geld schuldig, zwei Gulden und sechsunddreißig Kreuzer,…ich laß ihn bitten drum; schön höflich anklopfen und den Hut abnehmen.. Mit dem Geld gehst nachher zum Kaufmann…" Die Mutter sagte dann, was er kaufen solle an Mehl und Schmalz, an Zucker und Weinbeerln und an Safran und Neugewürz und Semmeln, und der Vater meinte dazu, eine Semmel könne er unterwegs essen, weil er vor Abend nicht heimkomme. Peter erledigt alles, auch wenn der Schuldner nicht zahlen mag und dann nur weniger gibt, sodass er beim Kaufmann anschreiben lassen muss. „Dort begehrte ich ruhig und gemessen, als ob nichts (nur auf Borg) wäre zwei Maß Semmelmehl, zwei Pfund Rinderschmalz…" und er bekam alles, was die Mutter brauchte. Dankbar bemerkte der Bub, wie der Kaufmann alles so sicher verpackte, dass er die Sachen heimtragen kann, ganz ohne Plastikmüll: „Der Herr Doppelreiter …machte mir alles hübsch zurecht in Päckchen und Tütchen, die er dann mit Spagat in ein einziges Paket und an den Mehlsack so hing, daß ich das Ding über die Achsel tragen konnte, vorn ein Bündel und hintern ein Bündel." Und zuversichtlich, ja freudig machte er sich wieder auf den weiten und mühevollen Heimweg: Der Peter bedauerte alle Leute, „daß sie nicht ich waren, der, mit so großem Segen beladen, gen Alpl zog. Das wird morgen ein Christtag werden! Denn die Mutter kann's, wenn sie die Sachen hat."

Offenbar war auch das Weihnachtsgeschäft von 1914, also vor hundertfünf Jahren, als der erste Weltkrieg bereits begonnen hatte, noch mehr von eigenen Wünschen und Sehnsüchten bestimmt. Auch da war in den Städten im ersten Kriegsjahr noch viel zum Kauf Verlockendes ausgestellt, aber das war wohl weniger gleichgeschaltet an einem „you must have it" orientiert als vielmehr an kostbaren schönen Einzeldingen: Magda von Hattingberg, die spätere Freundin Rilkes, beginnt ihr Buch über diese Beziehung mit einer Episode aus der Adventzeit von 1914:

Magda von Hattingberg: aus „Rilke und Benvenuta"

„In den weihnachtlichen Schaufenstern der abendlichen Straßen leuchteten bunte Kerzen, Lebkuchen und Silbersterne auf geschmückten Tannen. Ich ging durch die Stadt und betrachtete die ausgestellten Herrlichkeiten: Spielzeug und Puppen, schönes Silber, Ledertaschen, Seidentücher und kostbare Stiche. Ich selbst wollte ein Buch haben; eines, das mir etwas völlig anderes sagen und schenken sollte, als ich je erfahren und gelesen hatte. Irgendwo in der Welt mußte doch eine Troststimme sein, die alles Traurige und Schreckliche einer kaum überstandenen Zeit …erlösen konnte." …
„Ich ging in einen kleinen schönen Buchladen… und sagte: ‚Es soll ein anderes Buch sein als alle anderen Bücher, ein wunderbares Buch'. Der alte Mann nickte… und antwortete nichts. Aber er trat zu einem der großen, dunkel polierten Schränke, nahm einen schwarzgrünen schmalen Band heraus und sagte: ‚Da ist es'. Ich schlug die erste Seite auf und las: „Rainer Maria Rilke, „Geschichten vom lieben Gott."… So trug ich die Geschichten vom lieben Gott durch die schneehellen Straßen der weihnachtlichen Stadt nach Hause, und mir war, als sei mein Schritt froher geworden, mir war, als trüge ich,

wie durch ein kommendes erahntes Wunder getröstet, ein Licht in meinen Händen wie einen Stern…"

Der alte Buchhändler hatte nach dem richtigen Buch gegriffen: Frau von Hattingberg fand Trost und Licht in diesem Buch, und das schrieb die bekannte Pianistin „ihrem" neuen Dichter Rilke. Der antwortete ihr als einer in seinem Leben „bene" ja hochwillkommene venuta" und so wurde daraus die traurig schöne Liebesgeschichte von „Rilke und Benvenuta". Sie hatte als Weihnachtsmärchen begonnen.

Wenn nun jemand dem Lesewunder der Benvenuta in Rilkes „Geschichten vom lieben Gott" nachspüren will, sollte er die erste, die Geschichte von Gottes Händen und Gottes Kampf gegen diese Hände, lieber erst mal weglassen, denn die ist besonders spröde und schwer nachzuvollziehen.

Gern aber dürften ältere Erwachsene in der Weihnachtszeit lesen, was sich der 18jährige Rilke hat einfallen lassen, um die lebenslange Freude der Menschen am Weihnachtsfest zu erklären. Die Episode steht in einer mitleidig erzählten Variante von Andersens traurigem Märchen vom Mädchen mit den Schwefelhölzern:

Rilke: aus der Erzählung „Das Christkind" (von 1893)

„Seliger Weihnachtstag, da die Kleinen mit vor Ungeduld trippelnden Beinchen und leuchtenden Augen an den verschlossenen Türe lauschen, hinter der sich helle, duftende Wunder vorbereiten, mit wichtiger Miene der Mutter zusehen, die den Festtagsfisch schmort für das Abendessen, und, alte Lieder auf den frischen Lippen, zum Großmütterchen, das im hohen Ohrenstuhl am plaudernden Feuer träumt, hüpfen…Und dann kommt wohl auch der Vater heim und bringt, Schneeperlen im Barte, ein tüchtig Stück Winter mit und erzählt vom Christkind, das ihm auf verwehten Wegen begegnet ist, und daß es Haare wie eitel Gold hat und die Hände voll bunter, prächtiger Dinge. – Und draußen heult der Sturm und ein Schlitten klingelt irgendwo, und alles ist so geheimnisvoll und so groß und so feierlich, daß man es nie mehr vergessen kann – ein ganzes Leben nicht."

Ja, so ist es mit dem Weihnachtsfest: geheimnisvoll, feierlich und groß erfährt man es als Kind –und daher SO schön, dass man es ein langes ganzes Erwachsenen-Leben lang nie mehr vergessen kann. Schon wegen der Begabung zur Sehnsucht künftiger Generationen sollte dieses Fest immer wieder für die Kinder ausgerichtet werden! Des alten Hermann Hesses Gedicht über das anhaltende Heimweh nach der rührend kindlichen Weihnachtsfreude ist ein Beleg dafür, wie lange die weiter wirkt, ehe sie in Gram und Einsamkeit verblasst. Vielleicht sollte man neben den Kindern zu Weihnachten vor allem auch die alten Menschen besonders bedenken.

Hermann Hesse: „Weihnachtsabend

„Am dunklen Fenster stand ich lang, / Und schaute auf die weiße Stadt / Und horchte auf den Glockenklang, / Bis nun auch der versungen hat. /

Nun blickt die stille reine Nacht / Traumhaft im kühlen Winterschein, / Vom bleichen Silbermond bewacht, / In meine Einsamkeit herein. /

Weihnacht! – Ein tiefes Heimweh schreit / Aus meiner Brust und denkt mit Gram / An jene ferne stille Zeit, / Da auch für mich die Weihnacht kam. /

Seither voll dunkler Leidenschaft / Lief ich auf Erden kreuz und quer / In ruheloser Wanderschaft / Nach Weisheit, Gold und Glück umher. /

Nun rast ich müde und besiegt / An meines letzten Weges Saum, / Und in der Ferne liegt / Heimat und Jugend wie ein Traum."

Dann ist der Höhepunkt des Weihnachtsfestes vorbei, aber der kalte rauhe Winter hat eben erst angefangen. Mit gemütlichen Stunden zu Hause bei Glühwein und Keksen, oder mit schneidigem Wintersport wie Eislaufen und Schifahren und Schlittenfahrten zu „Kohl und Pinkel" kann man ihn sich angenehm machen. Mit Rilke aber kann man den Winter verstehen lernen: als „Einkehr der Erde" in ihren Schoß sammelt der Winter das abgetragene Grün unter der Starre, bis es „wieder zum neuen Einfall wird für künftiges Grün", und also zum „Spiegel des Vorgefühls" „künftiger Frühlinge".

Das schwere und rätselhafte Lied hat drei Teile, und, wie der erste Teil mit der Überschrift „Ô Lacrimosa" verdeutlicht, ist es insgesamt an die Schmerzensmutter Maria gerichtet. Dabei übersetzt die erste Zeile die Anrede mit „Oh Tränenvolle", die vierte nennt sie dann „Oh Tränenschwere." Dies ist der Anfang mit seiner Anrufung Marias:

Rainer Maria Rilke: „Ô Lacrimosa I"

„Oh Tränenvolle, die, ... / über der Landschaft ihres Schmerzes schwer wird. / .../ Oh Tränenschwere... / Die sich nicht Himmel fühlte, da sie klar war, / und Himmel sein muß um der Wolken willen./ Wie wird es deutlich und wie nah, dein Schmerzensland ..."

Es geht um das Schwere und Schmerzlichste in der irdischen Welt. Die Schmerzensmutter steht für dieses Schwere, denn SIE repräsentiert den Himmel über der Erde, aber NICHT, wenn der „klar" ist: SIE muß der schmerzhaft umwölkte Himmel sein, DER „Himmel", der „um der Wolken willen" nötig ist. Und auf diese Weise wird die Schmerzensmutter zur himmlischen Helferin in Zeiten des Leidens.

Der kürzere „Teil II" des Liedes bringt bereits einen gewissen Trost in der Überschau über das Ganze, das aus schmerzlicher „Leere" einerseits UND aus „grüner Gefülltheit" andrerseits besteht:

„Nichts als ein Atemzug ist das Leere, und jenes / grüne Gefülltsein der schönen / Bäume: ein Atemzug!"

Der „Teil III" aber ist ein Wintergedicht, mit dem man den Winter verstehen und das leidvoll Leere akzeptieren lernt:

„Aber der Winter! Oh diese heimliche / Einkehr der Erde. Da um die Toten / in dem reinen Rückfall der Säfte / Kühnheit sich sammelt, / künftiger Frühlinge Kühnheit. / Wo das Erdenken geschieht / unter der Starre; wo das von den großen / Sommern abgetragene Grün / wieder zum neuen / Einfall wird und zum Spiegel des Vorgefühls; / wo die Farbe der Blumen / jenes Verweilen unserer Augen vergißt."

Der Winter bedeutet Rückzug der Erde in ihren Schoß, dort sammelt er das „abgetragene Grün" unter der Starre, bis es wieder zum „neuen Einfall" wird für künftiges Grün und also zum „Spiegel des Vorgefühls" „künftiger Frühlinge"!

Aber lange bevor es so weit ist, geht das alte Jahr schon wieder zu Ende. Wer daran interessiert ist, dass die alte Erde noch ebenso viele junge und gesunde Jahre vor sich haben möge, wie nun schon hinter ihr liegen, der wird sich leise, ohne CO_2-Knallerei vom Jahr verabschieden. Dafür sind vor allem die jungen Leute wichtig: Unverbesserliche mögen sich an letzten Resten von Knallern versündigen, wenn die Jungen keine mehr bauen lassen, ist dieser Spuk bald ausgestorben. Und darüber wächst das bald zu gebärende neue Jahr langsam heran. Bei seiner Begrüßung hatte Kästner geschrieben: „Das Jahr ist klein und liegt noch in der Wiege. Und stirbt in einem Jahr. Und das ist bald." Kästner hatte recht.